Engaño

Una guía esencial para entender cómo las personas maquiavélicas pueden ocultar la verdad y usar su conocimiento del comportamiento humano para manipular, negociar y persuadir

Tabla de contenido

Introducción

Lo más probable es que esté leyendo esto porque siente curiosidad por la "psicología oscura". ¿Pero qué significa? ¿Es alguna forma de magia oscura poseída solo por unas pocas personas bien versadas en el arte de controlar a los demás? ¿O es más bien una cosa de Harry Potter con los dementores chupadores de almas y drenadores de felicidad? En este libro, finalmente podrá responder con claridad a sus preguntas sobre la psicología oscura.

La psicología oscura es la ciencia y el arte de usar el control y la manipulación mental para conseguir lo que desea. Mientras que la psicología trata sobre el aprendizaje del comportamiento humano y cómo las personas generalmente interactúan entre sí, la psicología oscura se centra más en la coerción, la persuasión, la motivación y las tácticas de manipulación.

Ya, podría preguntarse si querría o no "manipular" a alguien, y si incluso debería estar leyendo este libro. Si este es su caso, sería prudente seguir adelante y leerlo. El mundo no es todo flores y rosas, y se haría un gran favor al conocer a la tríada oscura, especialmente a los maquiavélicos, de quienes trata este libro. Tener esta conciencia le preparará para cualquier encuentro eventual con una de estas personas.

Algunas personas leen libros como este porque les gustaría aprender a manipular a todos los que les rodean. Si este es su caso, aquí tiene una nota: Asegúrese de usar todo lo que aprenda aquí para el bien común.

El maquiavelismo es una de las tres manifestaciones de la psicología oscura o la tríada oscura. La cosa sobre la tríada oscura es que, a menudo, la posesión de estos rasgos es un gran predictor de relaciones problemáticas y un flagrante desprecio por la ley y el orden. El narcisista es el que muestra una grandiosidad y egoísmo sin igual, junto con una clara falta de empatía. El psicópata es un encantador, su amigo más amigable, y a menudo impulsivo y egoísta, sin capacidad de remordimiento o empatía. Por último, está el maquiavélico que es un maestro del engaño y no tiene reparos en explotar a las personas si eso significa que obtendrán lo que quieren, sin las trabas de cosas tan frívolas como la "moralidad", que la gente común aprecia.

A diferencia de otros libros sobre este tema, este está actualizado y es fácil de entender. Si es principiante, y está aprendiendo sobre psicología oscura, encontrará esta guía amistosa sobre las formas maquiavélicas. Si está bien versado en estos temas, es muy probable que aprenda cosas nuevas. Este libro está escrito en un estilo sencillo y fácil de entender, por lo que no luchará con los conceptos.

A lo largo de las páginas, llegará a comprender la verdadera naturaleza de un maquiavélico. Aprenderá cómo son tan hábiles en el engaño y cómo usan lo que saben de usted para persuadirlo y controlarlo.

Lo que está a punto de aprender es extremadamente potente y debe ser usado solo para buenos propósitos. Lo que haga con este conocimiento, al final, depende enteramente de usted.

Capítulo 1: Introducción a la Psicología Oscura

Hay personas con las que se encuentra a diario y para las que la persuasión y la manipulación es una forma de arte elevada. Estas personas son a menudo expertos en llevar máscaras desde el momento en que salen al mundo, porque si el mundo viera lo que realmente hay debajo de sus máscaras... bueno, probablemente no sería un buen presagio para ellos.

La Tríada de la Psicología Oscura

Esto es lo que compone esta tríada:

- Narcisismo
- Psicopatía
- Maquiavelismo

El narcisista es la persona más egocéntrica que conocerá, no tiene empatía, y cree que todo en ellos es más grande que la vida misma. Atrévase a desafiar este proceso de pensamiento, y harán que se arrepienta.

El psicópata es siempre encantador. Esto no sería un problema si no carecieran completamente de empatía, como el narcisista. Son muy impulsivos y no tienen remordimientos. Probablemente conozca el dicho, "Algunas personas solo quieren ver el mundo arder". Bueno, "algunas personas" son básicamente psicópatas.

Ahora el maquiavélico. Nadie miente mejor que este miembro de la tríada oscura. No solo mienten a la ligera, sino que contarán cualquier historia que deban contar si eso significa conseguir que las personas hagan su voluntad. No tienen moral, y para ellos, las personas son simplemente juguetes para ser manipulados como les parezca. El maquiavélico no ve nada malo en mentir si eso significa que se salen con la suya. No se moleste en tratar de predicarles un sermón; un maquiavélico entiende cómo piensan y sienten los humanos y usa este conocimiento para su beneficio. Sin embargo, lo más probable es que no sea consciente de su completa comprensión de la naturaleza humana. Esto es parte de lo que los hace tan efectivos en sus tácticas... y peligrosos.

Manipulación: Más común de lo que cree

Puede pensar que estas personas existen en una minoría. Lo más probable es que no se encuentre con alguien tan manipulador. Sin embargo, esta manipulación continúa todos los días. Claro, puede que no sea el objetivo específico de un maquiavélico, pero más personas de las que cree tienen que lidiar con sus mentiras.

De hecho, encontrará que la manipulación ocurre a su alrededor. La encontrará en cartas de ventas, anuncios, anuncios de internet, anuncios de radio, televisión, periódicos, etc. Como padre o tutor, tendrá que lidiar con este tipo de comportamiento de los adolescentes a medida que descubran quiénes son realmente y traten de encontrar la mejor manera de obtener lo que quieren y expresar su autonomía.

No se alarme, pero la mayoría de las veces, las oscuras técnicas de manipulación y persuasión son utilizadas por las personas más cercanas y queridas, las que usted ama y en las que confía.

Tácticas diarias de manipulación y persuasión

En caso de que todavía quiera aferrarse a la noción de que no es testigo de la manipulación y la persuasión cada día, quizás una simple lista de tales tácticas le ayude a ver la verdad.

1. *Dar el tratamiento de silencio.* Puede que haya experimentado o presenciado esto por sí mismo, donde alguien deliberadamente le da la espalda, no le habla, e incluso se esfuerza mucho para evitar encontrarse con usted.

2. *El bombardeo del amor.* Dar cumplidos y mostrar amor y afecto solo para conseguir que alguien se ablande lo suficiente como para pedirle un favor.

3. *Negar el amor.* ¿Alguna vez escuchó de un cónyuge o amante que le niega el afecto a su pareja para que se disculpe o haga algo que no haría de otra manera?

4. *Mentir.* Contar mentiras descaradas o "blancas" y adornar historias aquí y allá para que parezcan más interesantes.

5. *Opciones encajonadas.* El manipulador solo le da un par de opciones, que sirven para que no se dé cuenta de que hay otras opciones que puede elegir además de las que le han presentado.

6. *Manipulación de la semántica.* Aquí, el manipulador utiliza palabras que pueden significar fácilmente un millón de cosas diferentes. Cuando se enfrenta a ellas más tarde, le dicen que significan algo completamente diferente de lo que usted pensaba.

7. *Psicología inversa.* El manipulador le pide que haga algo, sabiendo muy bien que prefiere hacer lo contrario de lo que le piden, y esperando que siga con su propio pensamiento "original".

Tal vez esté comenzando a darse cuenta de lo común que es la manipulación, o tal vez se dé cuenta de que usted mismo ha utilizado algunas de estas tácticas. El punto es hacerle saber que no es muy difícil caer presa de estas técnicas, no importa quién o dónde esté. Ocurre en el trabajo, en las amistades, en las familias, en las relaciones, en los medios de comunicación, en la política, en la religión... en todas partes.

Ahora, esto no quiere decir que todos los que utilizan cualquiera de estas tácticas sean necesariamente parte de la tríada oscura. A veces, la persona no es consciente de lo que hace y de lo erróneos y poco éticos que son estos métodos. Los niños son muy impresionables, por lo que muchas personas aprenden estas tácticas solo observando a los adultos o las fuertes influencias en sus vidas. Algunas personas aprendieron estas técnicas de manipulación en el proceso de vivir sus vidas adolescentes. Algunas personas aprenden estos trucos más tarde en la vida y generalmente por coincidencia, no por la necesidad de controlar a los demás. Utilizaron una técnica y se les entregó su deseo en bandeja de plata, por lo que continúan con estos métodos para llegar más lejos en la vida.

Además, algunos reciben entrenamiento real en el arte de la manipulación y la persuasión. La mayoría de las veces se pueden utilizar programas para aprender a salirse con la suya, usando trucos que a menudo son muy poco éticos. Esto es especialmente el caso cuando se trata de hacer ventas o estar involucrado en el mundo del marketing. Con estas oscuras tácticas, pueden despertar el deseo y literalmente activar un interruptor en su mente que le dice que tiene que tener el producto del día. Cree que tiene una buena negociación cuando en realidad, ellos son los que se llevan la mayor parte del dinero y los beneficios.

Conozca a los posibles miembros de la Tríada Oscura

¿Qué clase de personas forman parte de este grupo?

Políticos. Aunque hay algunos buenos, muchos usan a menudo oscuras tácticas de manipulación para que la gente vea las cosas a su manera. Hacen y dicen lo que deben hacer para que la gente se ponga de su lado. Algunos se convencen a sí mismos de que es por un bien mayor; otros son conscientes de estar en ello solo para ellos mismos.

Abogados. Algunos abogados no se detendrán ante nada para ganar un caso. Usan tácticas oscuras para hacer las cosas a su manera, y no sienten ni una pizca de remordimiento por no ser éticos.

Líderes. Varios líderes han dominado el arte de la persuasión oscura. Usan los métodos más retorcidos para asegurarse de que sus seguidores se alineen y continúen inclinándose hacia atrás para ofrecer un rendimiento cada vez mejor.

Vendedores. Si alguna vez ha leído una carta de ventas, probablemente piense que solo está leyendo un montón de palabras que anuncian un producto en particular, y no hay nada más. Sin embargo, mucho está pasando cuando considera el subtexto de los mensajes de estas cartas de ventas. Se escriben deliberadamente para desencadenar emociones primarias en usted que le hacen actuar como el escritor quiere que lo haga.

Oradores públicos. Hablar en público es otro campo donde verá prosperar la persuasión oscura. Los oradores públicos utilizan estas técnicas para enganchar a su público y asegurarse de que siguen volviendo por más y gastando más dinero en el siguiente nivel de producto y en el siguiente evento.

Generalmente, las personas egoístas también utilizan estas técnicas porque ¿qué mejor manera de asegurarse de que siempre obtengan lo que quieren? En lo que a ellos respecta, todos los demás pueden irse al diablo.

Puede parecer que este libro está glorificando el proceso de usar métodos oscuros para manipular a todos y salirse con la suya, y puede parecer que es realmente la mejor manera de hacerlo. Sin embargo, al final, ir a la oscuridad nunca vale la pena. Cuando las personas y las empresas se meten en estas técnicas, con el tiempo, hay una falta de confianza. Solo puede engañar a las personas por un tiempo antes de que se den cuenta de su juego.

Una cuestión de ética

Entonces, ¿cómo puede saber si es ético cuando intenta persuadir o motivar a alguien? Es realmente tan simple como evaluar sus intenciones. Debe ser honesto en su evaluación. Tiene que averiguar por qué está tratando de persuadir o motivar a alguien para que actúe. ¿Está tratando de ayudarlos? No hay nada malo en ayudarse a sí mismo en el proceso, siempre y cuando, sea cual sea el final del juego, sea mutuamente beneficioso para todas las partes involucradas.

Una buena regla general es asegurarse de que el objetivo es crear una situación en la que todos ganen, sin importar lo que estén haciendo. No debe incitarse a sí mismo a asumir que algo es realmente bueno para la otra parte solo para tranquilizar su conciencia. Tiene que ser una verdadera victoria.

¿Qué impulsa la oscuridad?

Hay muchas razones por las que las personas con personalidades de la tríada oscura hacen lo que hacen. A veces, es cuestión de ser aceptados. Para otros, se trata de salir adelante en la vida, tener más éxito en el trabajo, o recibir un montón de dinero. Otros siguen estando simplemente en ello por la gloria del poder y la sensación de estar en control de todo y de todos. Algunos están impulsados por su amor a la religión o a las tendencias políticas. Hay un buen número que son como son a causa de un trastorno psiquiátrico.

Lo que hay que entender de estos oscuros depredadores es que pueden ser cualquiera, de cualquier país, raza, religión o posición económica. Así que no se apresure a descartar a su aparentemente amable y carismático predicador o líder o filántropo simplemente porque espera que quieran lo mejor para todos, más que la mayoría.

Nadie es inocente

La verdad es que: Todo el mundo puede expresar los rasgos de la tríada oscura. Tienen la capacidad de llevarla tan lejos, más allá del punto de no retorno, donde solo ven a todos los que les rodean como presas y cazan sin otra razón que la de poder hacerlo.

Debería saber a qué se refiere esto. A veces tiene ese pensamiento malvado y oscuro que sale de la nada, a veces obligando a preguntar: "¿De dónde vino eso?". Esto no debería preocuparle, sin embargo, porque la mayoría de las personas nunca actúan con esos pensamientos. Para los narcisistas, psicópatas y maquiavélicos, no solo expresan esas inclinaciones oscuras, sino que también obtienen mucho placer y satisfacción al realizar los pensamientos. También piensan que las personas que caen presas de sus payasadas se lo merecen, ya que fueron demasiado ingenuos y se dejaron llevar por sus manipulaciones. En realidad, se vuelven adictos a su comportamiento depredador.

Hoy en día, con la llegada de Internet y el mundo reduciéndose a una aldea global a causa de las redes sociales, es muy importante tomar conciencia de estas oscuras inclinaciones que albergan ciertos miembros de la raza humana. Si además se tiene en cuenta el anonimato que internet concede a todo ciberciudadano, se puede ver con seguridad cómo, más que nunca, las personas con personalidades oscuras pueden prosperar e ir más allá de los límites que de otro modo tenían antes de que existieran las redes sociales e Internet.

El resto de esta guía se centra en "los maquiavélicos" y en cómo ejercen el engaño con tanta habilidad contra la gente común para lograr sus deseos retorcidos. Habiendo establecido que los monstruos se hacen pasar por personas normales, ahora se centra en el tema del engaño. ¿Qué cuenta cómo engaño? ¿A quién considera la persona engañosa, y bajo qué situaciones es ese engaño malévolo, si es que lo es?

Capítulo 2: ¿Qué es el engaño?

El engaño es el acto de confundir a las personas. Se trata de mantener la verdad oculta, o propagar ideologías y creencias que están muy lejos de la verdad, generalmente para obtener alguna ventaja o avance. Hay muchas maneras en que el engaño puede jugar, incluyendo la propaganda directa, la distracción típicamente en conjunción con el engaño de la mano, el disimulo, o el camuflaje. El engaño también incluye el autoengaño. Se trata de presentar las falsas afirmaciones como verdades.

El engaño inevitablemente será descubierto. Una vez descubierto, es inevitable que la parte engañada se sienta traicionada y se lo piense dos veces antes de confiar en el engañador. Cuando las personas se relacionan entre sí, hay una expectativa natural de que habrá honestidad y transparencia. Por esta razón, el engaño es la profanación de las reglas de una relación, que se consideran sagradas y preciadas por los humanos.

En su mayor parte, si se piensa en ello, se espera que los amantes, la familia, los amigos, los compañeros de trabajo, e incluso los extraños sean honestos. La única vez que realmente espera deshonestidad es si ha tenido que lidiar con una experiencia traumática que le deja con la guardia en alto, o si ha presenciado o escuchado de la propensión de una persona a la deshonestidad. Dicho esto, todavía hay un poco de engaño que sucede, incluso entre usted y el que mantiene el otro lado de su cama caliente cada noche.

Tipos de engaño

El engaño se presenta en varias formas, desde distorsiones y omisiones de la verdad hasta hacer afirmaciones deshonestas diseñadas para conseguir que la otra persona tome cualquier acción que quiera, a menudo a su costa. El engaño también puede jugar no solo en las palabras, sino también en las acciones. Digamos que quiere comprar un par de zapatos. Inspecciona un zapato del par, cuando algún otro comprador se pone a su lado, recoge el otro y lo inspecciona. En el proceso, pueden poner una cara que comunica asco o disgusto, deja el zapato y se van.

Una vez hecho esto, si no es una persona particularmente segura de su estilo, o si no estaba seguro de ese zapato al principio, probablemente comenzará a ver todo lo malo que tiene el zapato debido a la forma en que reaccionó. Así que, puede decidir que los zapatos no valen el dinero, dejarlos e irse. Segundos después, la persona pasa y decide que realmente le gustan los zapatos y los compra. Este es un ejemplo muy básico de cómo el engaño puede jugar en la acción.

Aquí hay algunas afirmaciones engañosas. Por ejemplo, una empresa que fabrica jugo de frutas puede escribir en la lata, "Hecho con 100% de fruta real", sabiendo muy bien que la mayoría de las personas lo verán y decidirán, "Vaya, eso tiene que ser saludable". Lo estoy comprando". En realidad, podría ser que la "fruta 100 por ciento real" en realidad solo constituye un tres por ciento de la lata. Después de todo, la etiqueta dice, "hecho con", no "hecho de". Un comprador más exigente se volverá a ver los ingredientes, que sin duda comenzarán con "Agua, azúcar..." y encontrará que realmente lo que tienen es una lata llena de azúcar, conservantes, colorantes y saborizantes, con solo una pizca de "100 por ciento fruta real". Claro, la compañía afirma que lo que hicieron es la verdad; sin embargo, técnicamente, el hecho es que llevará a los compradores a sacar conclusiones falsas.

Para ir al grano, aquí están las diversas formas de engaño con las que las personas tratan cada día:

1. *Mentiras.* Se le da información que es completamente diferente de la verdad.

2. *Ocultamientos.* Deliberadamente solo se le da un poco de la imagen. El engañador dejará fuera fragmentos críticos de información que pondrán lo que están diciendo en el contexto apropiado, o actuarán de manera que enturbien los hechos relevantes.

3. *Equivocaciones.* Se le dan declaraciones muy contradictorias o declaraciones vagas e indirectas en lugar de una respuesta real.

4. *Subestimaciones.* El engañador deliberadamente minimiza las partes más significativas de la verdad para engañarle, minimizando su importancia.

5. *Exageraciones.* El engañador le dirá la "verdad", solo que es una versión increíblemente estirada y exagera o amplía partes que le mantendrán en la oscuridad.

6. *Malinterpretaciones.* El engañador le dará la verdad, pero la malinterpretará deliberadamente.

Es importante notar el motivo detrás del engaño. En su documento "Teoría del engaño interpersonal", Buller y Burgoon (1996, págs. 202 a 242) identifican las siguientes motivaciones para actuar engañosamente.

• Motivos instrumentales: El engañador miente para mantener sus recursos a salvo o evitar ser castigado.

• Motivos relacionales: El engañador miente para mantener sus relaciones fuertes o establecer otras nuevas y beneficiosas.

• Motivos de identidad: El engañador está motivado por la necesidad de proteger su imagen o salvar la cara.

Puede estar tentado a decir desde su alto y poderoso pedestal, "Bueno, yo nunca engaño a nadie. Mantengo todo honesto y limpio". Bueno, ¿en serio? Piense en la vez que alguien se disculpó por recortarse de uñas, y usted respondió: "Oh, está bien, no es gran cosa", sabiendo muy bien que cada sonido de los recortes le acercó un paso más a la hora de reventar. O la vez en que un amigo se sentía deprimido por algo, y entonces, desesperado porque su buen amigo volviera a ser el mismo de siempre, le hizo un cumplido que no quiso decir, o le dijo que algo no era culpa suya, aunque ambos sabían que lo era. El punto es que todo tipo de personas se involucran en el engaño. El problema es una cuestión de grado.

De hecho, casi se puede argumentar que el engaño es algo que sucede, incluso en la naturaleza. Ahora mire el mecanismo de defensa del camuflaje, por ejemplo. El único propósito del camaleón es cambiar su color para que coincida con el entorno que lo rodea. El propósito de la coloración del ualabí es coincidir con su entorno y asegurarse de que están a salvo de la presa. Incluso los militares utilizan uniformes y equipo de camuflaje, con el mismo propósito de parecer discretos, como nada más que una parte del mobiliario.

El engaño también ocurre en forma de disfraz. Disfrazar algo es hacer que parezca ser otra persona o algo totalmente distinto. Las celebridades, cuando necesitan hacer cosas cotidianas y no quieren que los paparazzi los sigan a todas partes, a menudo se disfrazan o van de incógnito. Un disfraz puede ir más allá de la apariencia. A veces, hay un cambio en los patrones naturales del habla, la voz, el ritmo de la marcha, etc. Un ejemplo de disfraz es Sherlock Holmes, que a menudo intentaba aparecer como otra persona para que nadie lo reconociera.

El disfraz también puede jugar en formas abstractas, donde son las ideas las que se disfrazan como algo distinto de lo que realmente son. Esto ocurre típicamente en el gobierno y en el espacio político en su conjunto. En otras palabras, este disfraz es propaganda. Puede que haya escuchado la frase "Misión de mantenimiento de la paz" y se haya preguntado por qué dispararon a alguien si el verdadero objetivo era mantener la paz. O tal vez escuchen la frase "custodia protectora" cuando en realidad lo que está pasando es un secuestro autorizado por el gobierno.

¿De qué otra manera puede ocurrir el engaño? Deslumbrar. Deslumbrar tiene el efecto de dejar a la otra parte demasiado confundida para ver la verdad o para asimilar las cosas más significativas. Tomemos un debate entre dos estudiantes de secundaria de diferentes escuelas. Uno presenta los hechos lógicos; el otro simplemente "expone sus puntos" haciendo preguntas retóricas tras preguntas retóricas, apenas dando al público y a los jueces tiempo para pensar críticamente y darse cuenta de que no estaban exponiendo puntos reales. Naturalmente, el deslumbrante equipo de debate gana, aunque no debería haberlo hecho. Otro ejemplo de este deslumbrante engaño es cuando un pulpo dispara una nube de tinta negra, para que los depredadores no lo vean cuando se escapa.

¿Quién usa el engaño?

Las personas que son desafiantes por naturaleza. Con estas personas, son más obvios sobre su engaño. A menudo son muy rebeldes y harán todo lo posible para salirse con la suya sin consecuencias. Piense en su adolescente que se cree más listo que usted y trata de escapar a las repercusiones de sus acciones. La verdad es que no tiene sentido hacer cosas y salirse con la suya si no tienen ningún tipo de reconocimiento por la hazaña. Por esta razón, es fácil detectar que están siendo engañosos.

Personas con rasgos de personalidad engañosos. No son los mismos que los que tienen trastornos completos. Típicamente, este tipo de persona es pasivo-agresiva. A menudo, no se dan cuenta de que son vistos como personas engañosas. Por ejemplo, si este tipo de persona forma parte de un proyecto, y realmente no quiere involucrarse en él, puede postergar u olvidar convenientemente hacer cosas importantes. Cuando se enfrenta a este individuo, se apresura a apelar a sus emociones, en lugar de encontrarse con usted en un nivel lógico acerca de por qué están actuando como lo hacen, y cómo ambos podrían llegar a una solución.

Las personas con un trastorno de personalidad. Ya sea que se trate de alguien con un trastorno de personalidad narcisista, un trastorno obsesivo-compulsivo, o alguien paranoico, limítrofe o histriónico, el hecho es que hay una percepción inexacta de la realidad en sus mentes. A menudo intentarán hacerle parte de su mundo delirante.

Estas personas suelen estar motivadas por un profundo temor al rechazo, el abandono o el fracaso, así como por las inseguridades. Pueden haber experimentado algún evento traumático en su infancia que ha contribuido a que salgan como lo han hecho. Para estas personas, hacen todo lo posible para mantener todo este miedo e inseguridad ocultos a todo el mundo, y es por eso que van a elaborar su propia versión de los acontecimientos y le harán a usted a creerlo todo.

Las personas que caen bajo la tríada oscura. Estos sociópatas y psicópatas están muy avanzados en sus tácticas de engaño y son expertos en leer a todo el mundo a través del subtexto, el lenguaje corporal y la simple observación. Siendo capaces de leer a las personas con facilidad, saben qué decir o hacer y cómo decirlo o hacerlo para que su presa sienta una falsa sensación de seguridad con ellos.

Con las personas de este grupo, no hay ninguna forma de empatía, amabilidad o pizca de bondad en ellos. Se sienten completamente cómodos incluso aprovechando a los más cercanos y queridos. En lo que a ellos respecta, el fin justifica los medios. Si perciben que la única manera de conseguir lo que quieren es deshacerse de usted, lo harán sin dudarlo y no mirarán atrás. Son expertos en ejercer el abuso de manera sutil e insidiosa, y a menudo, la víctima apenas se da cuenta de lo que está pasando hasta que es demasiado tarde.

La verdad sobre el engaño

El engaño es una parte predominante en la vida de las personas, y juega un papel útil, nos guste o no. Sin embargo, no todas las mentiras están motivadas por el beneficio personal a expensas de otro. La mayoría de las mentiras que las personas dicen son por el bien de otros, solo para asegurarse de que todos puedan relacionarse sin problemas. Dicho esto, a nadie le gusta sentirse como si acabaran de ser engañados.

Entonces, si todos mienten, ¿cuál es la diferencia entre un maquiavélico y una Jane o Joe común y corriente? El motivo. Los estudios también muestran que el engaño puede ser algo bueno. En *Philosophize This!*, un podcast sobre el maquiavelismo, se hace bastante obvio que Maquiavelo no necesariamente postulaba que todo el mundo se vuelve engañoso por el hecho de hacerlo. La teoría es que solo escribió *El Príncipe* para dejar claro que, aunque está bien querer mantener los valores morales como la honestidad y la franqueza en todos los aspectos de la vida, es especialmente imposible para los líderes en la política o en general ser honestos si pretenden tener alguna forma de estabilidad y paz durante su administración.

Mientras que el hecho de que las intenciones de Maquiavelo se vean bajo esta luz hace que lo que escribió parezca menos villano, el hecho es que hay maquiavélicos que no están simplemente tratando de gobernar. Están buscando ser los primeros, y acabarán con cualquiera para conseguirlo.

Capítulo 3: Definiendo el maquiavelismo

Este capítulo comienza con el origen de la palabra "maquiavelismo". Nicolás Maquiavelo fue un escritor del Renacimiento que escribió *El Príncipe*. El libro trata sobre las diversas técnicas que los líderes deben utilizar si quieren tener un seguimiento leal y asegurar el orden y la estabilidad en la tierra. No se trataba tanto de hacer lo que era moralmente correcto, sino de hacer lo que había que hacer, sin importar el costo.

Según Maquiavelo, hay dos maneras de gobernar. Una forma es por la ley y supuestamente trae la paz. La otra es por la fuerza bruta. Cuando la primera forma no funciona, el líder tendrá que recurrir a la segunda forma. Como tal, el gobernante más sabio hará bien en no hacer promesas con la intención de cumplirlas, especialmente si esas promesas no son realmente en su mejor interés.

La visión maquiavélica de las personas es que todas son intrínsecamente malas, y por esta razón, el líder sabio haría bien en engañarlas cuando deben hacerlo, ya que las personas mismas no son particularmente confiables. Maquiavelo afirma que las personas son fácilmente influenciables por lo que sea que necesiten en el momento, así que es fácil utilizar estas necesidades para que bailen a su ritmo. En sus palabras, "El que busca engañar siempre encontrará a alguien que se deje engañar".

Maquiavelo postuló que el líder debe adherirse a las leyes, la ética y los principios vigentes al gobernar un estado. Sin embargo, cuando sea necesario, el líder también debe ser capaz y estar dispuesto a aferrarse a su poder mintiendo y siendo astuto. En otras palabras, en lugar de hacer como la Reina Roja y gritar "Que les corten la cabeza", el líder sería prudente usar la adulación y la amabilidad, incluso si no lo hacen en serio. Les serviría mejor parecer graciosos, amables, honestos e incluso religiosos. Maquiavelo dice que sería mejor tener estas virtudes, pero estar preparado para deshacerse de ellas en el momento en que las circunstancias dicten que sería el mejor curso de acción.

Maquiavelismo y Psicología

Florence Geis y Richard Christie fueron los primeros investigadores en considerar el maquiavelismo en relación con la psicología, en lugar de la política. Lo describieron como un comportamiento, rasgo o actitud. Gracias a estos investigadores americanos, el maquiavelismo no es un rasgo que solo se aplica a los políticos y líderes, y no significa lo mismo que tener una personalidad autoritaria. Tampoco es simplemente un asunto psicopatológico. Incluso la gente más común puede pensar como maquiavélicos, dependiendo de las situaciones a las que se enfrenten.

Rasgos maquiavélicos

Rasgo #1: Manipulación. En lo que respecta al maquiavélico, no hay nada malo en ser manipulador. Se sienten cómodos con el engaño y las artimañas. Siempre están al acecho para ganar algo siendo manipuladores y engañosos. Son increíblemente egoístas, insensibles, y francamente malvados cuando tratan con otros.

A pesar de lo mucho que les gusta manipular a las personas, los maquiavélicos siempre andan con cuidado. Solo atacan cuando ven una oportunidad de crear problemas, conseguir lo que quieren y salirse con la suya sin que nadie se entere.

El maquiavélico siempre tiene alguna justificación para las cosas que hace. Racionalizarán sus actos más cobardes sin fin y le harán creer que en su lugar, es más que probable que usted haya hecho lo mismo. Tienen todo tipo de armas en su arsenal cuando se trata de su engaño. Se entrometerán, le halagarán, actuarán como si fueran muy cooperativos, y harán todo lo que puedan para maniobrar justo donde tienen que estar para luego dejarlo en una situación comprometida.

El maquiavélico no es un psicópata, sin embargo, ya que están en el extremo más oscuro de la tríada oscura. Sí, un maquiavélico es increíblemente despiadado e insensible, pero el psicópata nunca tiene una conciencia culpable sobre lo que hace. En cuanto a los maquiavélicos, no son tan agresivos. Prefieren actuar con tacto.

Una cosa que debería saber sobre los maquiavélicos o los Mach (del inglés Machiavellian) es que tienen un montón de métodos para engañar a las personas. En un estudio de Geis, Christie y Nelson (1970, págs. 285 a 313), se pidió a los sujetos que encontraran objetos ocultos en un cuadro, mientras que el investigador notó la cantidad de tiempo que tardaban en encontrarlos todos. Una vez que terminaron, los sujetos asumieron el papel de investigadores y dieron al siguiente grupo de sujetos la misma prueba que acababan de terminar. Cuando terminaron, el investigador les pidió que distrajeran y molestaran a otros sujetos que aún estaban trabajando en sus tareas, para evitar que terminaran a tiempo. Se dejó a la discreción de los sujetos qué métodos usaban para mantener a los demás distraídos.

Este estudio demostró que los participantes con las puntuaciones más altas de Mach en un examen Mach tenían una amplia y diversa gama de métodos para influir en los sujetos no Mach. Mentirían, retendrían información y harían preguntas que servían para confundir y que eran completamente irrelevantes cuando se miraba bajo la superficie. También suspiraban, tarareaban, silbaban una melodía, golpeaban su lápiz repetidamente contra el escritorio y continuaban reorganizando todos los objetos que encontraban en el escritorio. Los Mach fueron los que idearon las formas más ingeniosas de utilizar tales técnicas de distracción para lograr su objetivo.

Sería difícil encontrar un mejor mentiroso que un maquiavélico. En un estudio de Azizli et. al, *Lies and crimes: Dark Triad, Misconduct, and High-Stakes Deception. Personality and Individual Differences* (Mentiras y crímenes: La tríada oscura, la mala conducta y el engaño de alto riesgo. Personalidad y diferencias individuales) (2016, págs. 34 a 39), realizado para comprobar la probabilidad de que los sujetos mintieran, se entregaron a los participantes cuestionarios destinados a evaluar la probabilidad de que se vieran envueltos en un engaño, en particular del tipo con mucho en juego. En todos los escenarios presentados en los cuestionarios, los maquiavélicos se sentían claramente a gusto con el engaño en todas sus formas. Sin embargo, estaban muy ansiosos por ser parte de un engaño de alto riesgo, incluso más de lo que el psicópata común y corriente probablemente miente.

Dicho esto, los Mach no sienten la necesidad de mentir todo el tiempo, y no siempre son necesariamente suaves al respecto. No creen que sea absolutamente necesario mentir cada vez que sus labios se mueven. Para ellos, es simplemente que la mentira es necesaria para salir adelante, especialmente porque el mundo está lleno de gente poco fiable en lo que a ellos respecta, sin tener en cuenta que probablemente causaron que estas personas actuaran de manera poco fiable, para empezar. Para los maquiavélicos, cuando la verdad no les da lo que quieren, la mentira es la elección lógica.

Rasgo #2: Amoralidad. Los maquiavélicos están completamente de acuerdo con ser amoral y no respetar la ética. Para ellos, todo se trata de lo que les importa, y si hay una regla moral o ética entre ellos y lo que quieren, puede apostar su último dólar a que no dejarán que eso se interponga en su camino. Prefieren la injusticia a fracasar.

El Mach continuará probándole, provocándole, viendo dónde están sus límites y cómo pueden romperlos. En el momento en que el Mach descubra su debilidad, se abalanzará sobre ustedes. Si hay dinero que hacer, no les importa ignorar la ética y están aún más ansiosos por hacer cualquier cosa amoral que sea necesaria. El hecho de que el Mach nunca permita que las convenciones sociales los controlen es lo que los convierte en los mejores manipuladores.

Rasgo #3: Cinismo. Nunca encontrará a nadie más cínico que un Mach. Ellos creen que nunca puede confiar en lo que alguien dice o hace. A menudo asumirán que las personas tienen las peores intenciones, que son todos mentirosos e intrigantes, y que por lo tanto nunca se debe confiar en ellos. Para el maquiavélico o Mach, deben permanecer siempre vigilantes en caso de que alguien decida aprovecharse de ellos. De hecho, esto les lleva a menudo a aprovecharse de otras personas para ser los primeros en ser deshonestos. Este tipo de pensamiento es la forma en que el maquiavélico excusa su comportamiento. Después de todo, ¿por qué ser amable u honesto cuando la otra persona definitivamente no lo es?

El maquiavélico ve a las personas como deshonestas incluso cuando se trata de ellos mismos, teniendo una impresión de bondad que realmente no existe. Creen que este falso conocimiento de sí mismos es lo que hace a sus víctimas aún más vulnerables.

Con este cinismo inherente, un Mach puede causar un desequilibrio de poder entre usted y ellos. No le consideran un igual, sino que piensan que es inferior y que está abierto a la manipulación, ya que creen que tienen una comprensión más firme de su comportamiento que usted. En cierto modo, tienen razón. Muchas personas se ven obligadas a hacer las cosas que hacen por factores externos, más que porque han decidido actuar de forma independiente. Esto es lo que permite al Mach entrar en su vida, como una fuerza externa, y doblegarlo de acuerdo a su voluntad para ganar algo de usted.

Rasgo #4: La frialdad. El Mach es reservado y frío. Son indiferentes a todo. Si quiere una lección para separarse de las emociones, el Mach será el mejor tutor que pueda tener. No les importa cómo se siente y prefieren ser racionales en todo. Se preocupan más por sus objetivos que por las personas, y prestan atención a las cosas que les beneficiarán mientras que ignoran completamente cómo se siente sobre sus métodos o lo que le están haciendo.

El Mach puede pensar en todas las opciones de una manera muy fría y distante. Esto es ventajoso para ellos porque no importa en qué situación se encuentren, saben cómo controlarla. Ponen su objetivo al frente y en el centro, tamizan toda la información que reciben y descubren las mejores opciones y estrategias que les permiten lograr su fin. No les preocupa si su reacción a sus métodos es de aprobación o desaprobación; a esta persona solo le preocupa hacer lo que cree que es mejor para ellos.

Nunca podrá distraer al Mach con sus emociones, no importa lo intensas o terribles que sean. El maquiavelismo existe en un espectro. Con un Mach alto, nunca podrá interponerse en su camino cuando se trata de obtener una mejor posición, promoción o ganar más dinero. Un Mach bajo se preocupa mucho más por las personas en sus vidas, tanto en el trabajo como en el hogar, y esto los deja en una posición mucho más vulnerable, ya que no creen que el fin justifique los medios.

Rasgo #5: No hay empatía. No importa lo que esté pasando, el Mach es incapaz y no está dispuesto a considerar cómo se siente o a caminar en sus zapatos. Les falta empatía. Ya sea que sienta dolor o alegría, el Mach no puede relacionarse con eso. Tampoco son las personas más serviciales o desinteresadas, así que no espere que le extiendan la mano cuando esté colgando al final de un acantilado. A menos que, por supuesto, salvarle sea un medio para un fin para ellos. No creen en la promoción de los demás y prefieren mantenerle bajo su pulgar que darle una mano. Si está trabajando con un Mach, tiene que hacer las cosas de la manera que ellos quieren. No trate de ser creativo, solo estará pidiendo un mundo de dolor.

El Mach no es muy cooperativo, y esto no es una sorpresa, ya que no tienen empatía. Incluso si han estado en su posición particularmente difícil antes y saben lo inconveniente que es, no pueden ser molestados. Lo último que harán es permitirse cooperar o relacionarse con el dolor que siente, ya que esto solo les impedirá hacer lo que deben. Esto es lo que hace que el Mach sea un manipulador tan hábil y de sangre fría.

Rasgo #6: Alta toxicidad. Lo único más tóxico que tratar con un maquiavélico es bañarse en un contenedor de radio. No importa cuánto trate de ser positivo y optimista, el maquiavélico es como una nube oscura, siempre dispuesto y feliz de llover sobre su desfile. Son increíblemente negativos y tóxicos. Estar con ellos a menudo le deja sintiéndose agotado y más allá de abrumado.

Rasgo #7: Narcisismo. El Mach es más que probable que sea un narcisista. Tienen rasgos extremadamente narcisistas, como preocuparse solo de sí mismos y no tener en cuenta los intereses de los demás. Son cualquier cosa menos generosos, atentos o conscientes de las personas que les rodean. Si no se trata del Mach, no tiene peso ni significado.

La empatía de un Mach

Cuando se trata de empatía, hay dos tipos: fría y caliente. La empatía fría es sobre todo algo que se conoce a nivel lógico. Entiende la forma en que otras personas piensan. Entiende qué es lo que pueden sentir dadas ciertas condiciones. Entiende por qué actúan de la manera en que lo hacen, y entiende la evolución de los acontecimientos con cada persona a su alrededor. Utiliza la fría empatía para comprender cómo se sentirían o reaccionarían los demás si usted tomara una cierta línea de acción.

Utiliza la empatía caliente para tratar y resonar con otras personas en un nivel emocional. Sin embargo, al Mach no le importa tratar de establecer esta conexión. Tienen empatía fría, pero no se molestan con la caliente. La razón por la que necesitan la empatía fría es simple: a veces, necesitarán hacerle creer que realmente les importa para poder obtener lo que necesitan de usted.

Señales de maquiavelismo

Aquí hay una lista rápida de señales de que está tratando con un maquiavélico y necesita cuidarse las espaldas:

1. Tienen un enfoque como el láser, concentrado solo en *sus* intereses y ambiciones.

2. Tienen confianza en todo lo que hacen y dicen.

3. Son increíblemente encantadores.

4. Les gusta mucho el poder y el dinero, pero muestran una marcada indiferencia en lo que se refiere a las relaciones.

5. A menudo recurren a la adulación.

6. Se sienten cómodos con el engaño y la mentira cuando lo consideran necesario.

7. No están dispuestos a pensar o creer lo mejor de otras personas.

8. No son grandes en valores o morales.

9. Se sienten cómodos manipulando a los demás cuando tienen que salirse con la suya.

10. Rara vez son empáticos, y cuando lo son, casi parece fabricado.

11. Nunca le permiten saber cuáles son sus verdaderas intenciones.

12. Hacen todo lo posible por no dejarse llevar por las emociones o los compromisos.

13. No creen en cosas como el bien o en personas con conciencia.

14. Se sienten cómodos con el hecho de herir a otras personas para conseguir lo que quieren.

15. Cuando los conoce, parece muy difícil llegar a conocerlos, y tienen un aire de distanciamiento.

16. No son tímidos en cuanto a ser promiscuos y a menudo tienen sexo casual.

17. Son expertos en leer a otras personas y "leer el panorama".

18. No son muy cálidos cuando interactúan con otras personas socialmente.

19. Pueden tener serios problemas para entender cómo se sienten sobre las cosas.

20. No entienden las consecuencias de lo que hacen y dicen.

La escala maquiavélica

Como se ha mencionado, el maquiavelismo existe en un espectro. La escala de maquiavelismo clasifica a los Mach de 0 a 100, usando una serie de preguntas en una prueba. Los que tienen una puntuación superior a 60 son "Mach altos", mientras que los que tienen una puntuación inferior a 60 son "Mach bajos".

El Mach bajo no tiene problema en mostrar empatía a los demás. Son en su mayoría confiados y honestos en sus interacciones. Para ellos, las personas son intrínsecamente buenas, y el éxito significa tener buena moral. Si están muy por debajo de la escala Mach, eso los hace demasiado agradables y sumisos.

El Mach alto es solo el número uno. Solo se preocupan cuando algo o alguien parece amenazar su bienestar. Para ellos, deben emplear el engaño en sus interacciones diarias. No les importa mucho la bondad humana, porque no existe en lo que a ellos respecta. El Mach nunca se pondrá a sí mismo en una posición en la que tenga que depender de usted o de alguien más, porque piensan que es una cosa increíblemente tonta e ingenua de hacer. Para ellos, el poder importa más que el amor y las relaciones. Todo lo demás no tiene sentido.

¿Naturaleza o Crianza?

En este punto, puede que se pregunte: ¿Los maquiavélicos nacen así, o se convierten en así? ¿Cuál es el origen real de este rasgo? ¿Sería uno realmente maquiavélico si fuera una persona común y corriente que decidiera leer *El Príncipe* solo para empezar a actuar como un verdadero Mach?

Mientras que el maquiavelismo es un rasgo, no es la única característica distintiva de una personalidad manipuladora. Como se dijo anteriormente, cuando una persona es verdaderamente maquiavélica, a menudo se anotará como un Mach alto... a menos que decida deliberadamente anotarse como un Mach bajo para volar bajo el radar, lo cual no es inusual para estas personas altamente engañosas. La cosa es que, en su mayoría, el resto se evaluará como Mach bajo. Esto no significa que sean incapaces de engañar, solo significa que la manipulación y el engaño no son sus líneas de base.

En el ámbito de la política, ser maquiavélico significa que es un cínico que a menudo será muy calculador en las formas en que adquiere el poder y cómo se asegura de que el poder nunca salga de sus manos. En psicología, el maquiavelismo es un rasgo que se obtiene, donde mira todas las interacciones humanas a través de los ojos de un cínico y nada más. Si es un Mach, lo sabrá porque todo, en lo que a usted respecta, es cuestión de ganar o perder.

Para ser claros, lo más probable es que haya alguna influencia de la genética cuando se trata de si alguien es o no un maquiavélico, o si será egoísta, insensible y manipulador. Dicho esto, no es enteramente en la naturaleza; la crianza también juega un papel. Mientras que los genes pueden existir, el hecho es que sus experiencias de crecimiento, la vida en el hogar, y la forma en que sus padres lo criaron probablemente contribuirá a que se convierta en un temido alto Mach. No puede esperar que alguien que ha pasado por docenas de hogares de acogida desde el día en que nació surja como un ser humano normal y corriente. No es algo inaudito, pero es raro.

La ciencia ha descubierto que algunas personas están genéticamente predispuestas a ser psicópatas. Sin embargo, incluso sin los genes, si ha tenido un terrible comienzo en el juego de la vida, es más probable que se vea afectado, sin importar lo normal que sea su estructura cerebral o lo básico que sean sus genes. Esto es lo mismo, ya sea narcisismo, psicopatía o maquiavelismo.

En cuanto a las personas que deliberadamente aprenden lo que es ser maquiavélico para poder aplicar estas estrategias en sus vidas, bueno, no es difícil ver por qué. Esto no es un respaldo al maquiavelismo, pero sería falso decir que no hay situaciones específicas en las que ser un Mach sería ventajoso. Hay escenarios en los que incluso los Mach en el extremo inferior del espectro se verán obligados a recurrir a métodos maquiavélicos para defenderse o proteger su espacio.

Digamos que no tiene casa y tiene que mudarse con un amigo, pero este amigo demuestra ser cualquier cosa menos bueno con el tiempo. Le tratan como basura y hacen que parezca ante todos los demás bajo ese techo como si fuera un mundo de problemas, atacándole cuando nadie más está mirando, o cuando no los van a pillar en el acto. Puede que se encuentre acorralado en un rincón donde, para protegerse hasta que se mude, empiece a actuar como un maquiavélico. Puede que deliberadamente esconda o distorsione la información para vengarse de ellos o para tener a más personas de su lado.

Si está tratando con un ambiente de trabajo tóxico, puede que se encuentre haciendo todo lo posible para quitarse de encima a sus colegas tóxicos. Puede que diga mentiras para evitar que las personas acumulen sus responsabilidades sobre usted. Puede que se abalance para reclamar el crédito por cosas que no hizo en realidad como una forma de advertir a los colegas infractores que le han hecho la vida difícil. Incluso puede comenzar algunos rumores. No quiere hacer nada de esto, y no le gusta nada, pero se da cuenta de que tratar de mantenerse ético y con integridad en un ambiente así es virtualmente imposible, ya que a todos los que le rodean les encantaría jugar a ponerle la cola al burro y hay un número limitado de alfileres que puede tomar sin volverse loco.

Capítulo 4: Cómo ocultar la verdad

Es hora de hablar de mentiras. Los estudios han demostrado que aproximadamente el 60 por ciento de las personas dicen una mentira cada diez minutos más o menos. Ahora bien, esto no es suficiente para decir que todo el mundo miente. Dicho esto, hay que estar de acuerdo en que el 60% no es un número que se pueda ignorar fácilmente, especialmente si se compara ese porcentaje con toda la población de Estados Unidos. Un estudio realizado por el psicólogo Robert S. Feldman de la Universidad de Massachusetts en 2002, publicado en el Diario de Psicología Social Básica y Aplicada, demostró que es difícil para la mayoría de las personas tener una conversación con los demás sin decir una mentira ni una sola vez.

Es posible que quiera excluirse de este porcentaje de "mentirosos", pero a veces se miente sin siquiera ser consciente de ello. Dice muchas mentiras piadosas, pero el hecho de que sean inofensivas no significa que no sea un mentiroso. Algunas mentiras que dice para mejorar las cosas en una relación o para que la otra persona se sienta mejor consigo misma, lo que inevitablemente le hace más simpático. Sin embargo, al final todo es un engaño.

Según *The Day America Told The Truth* (El día que América dijo la verdad), una encuesta sobre la moralidad de las masas realizada por James Patterson y Peter Kim y publicada por Prentice Hall en 1991, nuestros padres se llevaron la peor parte de nuestro engaño, ya que el 86% de nosotros los engañamos a menudo, mientras que mentimos a nuestros hermanos el 73% del tiempo, a los amigos el 75% del tiempo y a los amantes el 69% del tiempo. Tenga en cuenta que estos porcentajes se refieren principalmente a las mentiras sobre cosas que no son realmente importantes y no afectarán significativamente la forma en que se relaciona con las personas en su vida.

Por qué la gente miente

¿Quién puede juzgar una mentira como sin sentido, y con qué criterios? Además, ¿por qué las personas incluso mienten para comenzar? Lo increíble de las mentiras es que son una parte inevitable de la sociedad. Imaginen una vida en la que todo el mundo solo dijera la pura verdad. Todos probablemente se odiarían entre sí. Los vendedores no venderían nada. La publicidad y el marketing no existirían. Sus padres se preguntarían por qué demonios le dieron a luz. Otras personas les mirarían y verían a sus padres o a sus hijos como una lección de por qué nunca deberían tener hijos. Tal vez toda la humanidad se extinguiría.

Mentir es algo a lo que las personas se han acostumbrado tanto que ahora son naturales en decir mentiras y ser engañados. Es como un juego al que todo el mundo ha accedido a jugar, y una de las reglas es que no reconozca que lo está jugando.

Entonces, ¿qué es exactamente lo que impulsa a las personas a decir cualquier cosa menos la verdad, incluso bajo juramento? Para entender este impulso, tómese un momento para pensar realmente en un mundo en el que todo el mundo solo dice la verdad. Si no puede imaginarlo, debería ver la película "*La mentira original*". Ahora, por esta vez, sea honesto consigo mismo: ¿Le gustaría vivir en ese mundo? ¿Sería capaz de manejar la brutal verdad sobre sí mismo y cómo se siente la gente al ser arrojado en su cara a donde quiera que vaya? ¿Honestamente?

El hecho de que diga mentiras no le convierte en maquiavélico. Todo se reduce a la intención. Para el maquiavélico, mentir es tener el control y manipular a las personas para conseguir lo que quieren. Entonces, ¿por qué la gente común dice estas mentiras "blancas"?

1. *Quieren encajar.* Todos mienten sobre las cosas que pueden hacer o han logrado para que los demás piensen que son dignos de amor y admiración. Mienten porque quieren que los escojan por encima de la siguiente persona cuando soliciten "ese" trabajo o préstamo. Mienten acerca de haber visto una película o leído un libro que en realidad no han visto porque solo quieren que la conversación continúe sin desviarse, o porque se avergüenzan de admitir que son la única persona del planeta que aún no ha visto Juego de Tronos. Dicen este tipo de mentiras solo para ser aceptados como parte de un grupo y sentirse parte del todo, para no sentirse fuera de lugar.

2. *No quieren ser castigados.* Desde los dos años de edad, las personas se dieron cuenta de que podían salir indemnes si mentían sobre algo, sin castigo ni consecuencias. Desde entonces, las personas han aprendido a contar cuentos de encubrimiento o frases para cubrir su pellejo y hacer parecer que sus lapsus de juicio o acciones nunca ocurrieron.

3. *No quieren hacer daño a los demás.* Una de las mayores razones por las que las personas mienten es porque no quieren que otros sean lastimados por la verdad. Esto sucede mucho cuando se cuida a alguien, como en una profunda amistad o conexión romántica. Dicho esto, mentir en estas situaciones puede ser a veces una idea terrible. Digamos que está a punto de terminar una relación por una muy buena razón. Tal vez su pareja es un vago o desconsiderado. Sería mejor hacérselo saber para que le vaya mejor en su próxima relación, o simplemente se quedará como está, sin aprender ni crecer. A veces, también necesita que las personas sean francas con usted. Si no está trabajando tan duro como podría, o si

hizo algo mal, pero no era consciente de por qué estaba mal, en momentos como este, la honestidad es realmente la mejor política.

4. *Quieren que las cosas funcionen.* Le guste o no, las mentiras siempre han jugado un papel muy importante para obtener los resultados que prefiere. Esto lo notará al solicitar un trabajo, ya que la mayoría de las personas tienden a adornar sus currículos. Ciertas profesiones requieren el uso de tácticas de persuasión para conseguir que las personas compren algún producto o servicio o voten por un candidato en particular. Aquí, esto se refiere específicamente a las ventas, la publicidad, el marketing y la política.

En este punto, debe quedar bastante claro que las mentiras son prácticamente inevitables en la vida cotidiana de la gente. Dicen estas inofensivas mentiras blancas para allanar el camino hacia sus esperanzas, objetivos, sueños y mejores relaciones con todos los que les rodean.

Mentirosos patológicos

Si todos son culpables de mentir, ¿cuál es la diferencia entre usted y un mentiroso patológico? La mentira patológica es una bestia totalmente diferente y a menudo es un signo de que el mentiroso puede tener un problema de salud mental, como un trastorno de personalidad.

Cuando miente, está haciendo una declaración que no es verdadera para poder engañar a otros para obtener algo de ellos, ya sea una mejor relación o algo material. La mentira no patológica no es nada inusual, y no significa que no "sea del todo bueno" cuando le miente a su hijo acerca de Santa Claus. Por otro lado, un mentiroso patológico dirá mentiras compulsivamente. Nunca hay un beneficio claro o una razón para que mientan, no pueden evitarlo.

Las mentiras patológicas se dicen sin ninguna motivación. Normalmente, cuando miente, tiene una razón sólida. No quiere que alguien se enfade con usted, o no quiere perderse algo, o quiere ayudar a alguien a sentirse mejor, o, o, o... Con la mentira patológica, no hay una motivación definida, y no puede entender por qué se molestarían en decir tal mentira para empezar.

No es particularmente obvio si el mentiroso patológico es consciente o no de su engaño, o si puede incluso razonar a través de sus mentiras y averiguar si son o no lógicas. La mentira patológica es algo muy problemático, ya que dificulta mucho la socialización con el mentiroso, que lo más probable es que haya alejado a todos con todas sus mentiras.

Causas de la mentira patológica

Desafortunadamente, no se ha investigado lo suficiente sobre esto, así que lo que sea que cause la mentira patológica sigue siendo desconocido. Nadie puede decir si la mentira es una condición por sí sola, o si es simplemente un síntoma de una condición completamente diferente. El hecho de que decir mentiras compulsivas es parte de unas pocas condiciones bien conocidas como los trastornos de personalidad y el desorden facticio hace que sea realmente difícil de entender.

Trastorno facticio

El trastorno facticio o síndrome de Munchausen es una condición única en la que el individuo afectado actuará como si estuviera mental o físicamente enfermo cuando, en realidad, está bien.

También existe el síndrome de Munchausen por poderes. En esta condición, el individuo afectado a menudo mentirá acerca de que alguien más tiene alguna enfermedad o dolencia. En su mayor parte, este síndrome afecta a las madres que actúan como si sus hijos no estuvieran bien y le dicen mentiras a su médico sobre la condición de su hijo.

No está claro qué es lo que causa este trastorno, pero aquí hay algunas teorías: Abandono o abuso infantil, causas genéticas o biológicas, abuso de sustancias, baja autoestima, trastorno de personalidad o depresión.

Mentir o decir la verdad: ¿Ganar o perder?

A corto plazo, decir mentiras para salir adelante puede parecer un gran atajo para lo que quiere en la vida. Sin embargo, a largo plazo, se encontrará perdiendo mucho. Lo que pasa con las mentiras es que tarde o temprano, la verdad se hará evidente. Cuando eso suceda, todo lo que ha ganado con la mentira comenzará a desmoronarse.

Si tiene el hábito de mentir, descubrirá que en realidad está alejando a las personas que serían fundamentales para su éxito. Nadie quiere trabajar con alguien en quien no puede confiar. Sus relaciones también se resienten porque todos los que ama no tienen otra opción que adivinar todo lo que dice y hace, y eso es asumiendo que siguen a su alrededor, ya que la mentira lo hace parecer terriblemente egoísta y poco atractivo. Todo el mundo aborrece ser engañado, por lo que es natural querer alejarse lo más posible de un conocido mentiroso.

Acostúmbrese a ser honesto tan a menudo como pueda. Cuando se mantiene honesto, no tiene que preocuparse por no cumplir sus promesas. No tendrá que preocuparse por hacer algo malo que contradiga su historia. No tiene que sentirse terrible por todas las mentiras que ha dicho, o preocuparse de que no es la persona que ha hecho creer a los demás que es.

Puede que quiera asumir que no hay nada en las "pequeñas" mentiras que dice, pero si sigue así, tarde o temprano, comenzará a mentir sobre las cosas más grandes también. Las cosas que hace cada día, sus hábitos, a menudo esculpen a la persona en la que se convertirá mañana. Mentir es también una pendiente increíblemente resbaladiza. Va desde decir constantes mentiras piadosas a decir más mentiras consecuentes, a engañar y a robar a otras personas. Así es como se crean los Bernie Madoffs del mundo.

Honestamente, la honestidad es mucho más fácil, ya que no tiene que tratar de recordar a quién le dijo qué, o preocuparse por las pequeñas inconsistencias que son inevitables con cada versión de sus cuentos; inconsistencias que hacen que sea fácil para todos darse cuenta de su deshonestidad y engaño.

Cómo mentir u ocultar la verdad

Para detectar a los maquiavélicos, sería conveniente entrar en sus mentes y ver cómo pueden hacer lo que hacen tan bien. Por esta razón, se incluye en esta sección lo que hay que tener en cuenta.

1. *Debe mentir solo cuando sea necesario.* No mienta a menos que tenga que hacerlo... lo que significa que tiene algo que ganar. Esa es la diferencia entre un mentiroso hábil y uno patológico. El mentiroso patológico dirá muchas mentiras, y a menudo eso es lo que las hace caer en agua caliente. El experto mentiroso dirá la verdad y nada más que la verdad, a menos que tenga algo que ganar con la mentira.

2. *Trabaje en su historia.* Querrá asegurarse de que ha resuelto su historia antes de mentir. No espere hasta el último minuto para resolver las cosas, porque si lo hace, entonces lo van a atrapar. Quiere asegurarse de que ha pensado en su historia y ha abordado todas las objeciones que se puedan plantear. Cuando ha ensayado su mentira suficientes veces, hace más difícil que lo atrapen.

3. *Mentir con la verdad.* En lugar de ir con una mentira descarada, al menos debe doblar la verdad. Las mejores mentiras son aquellas que no mienten realmente. Debe decir la verdad de manera que permita a las personas tener una impresión diferente a la que usted preferiría que no tuvieran.

4. *Comprende su objetivo.* Necesita meterse en la cabeza de su objetivo. En otras palabras, todos los buenos mentirosos son buenos comunicadores. Son expertos en aprovechar los pensamientos y sentimientos de otras personas y en leerlos con precisión. Debe ser empático con su objetivo porque es fácil decir exactamente lo que quieren oír de usted, y no va a meter la pata. No basta con pensar en lo sólida que es la lógica de una mentira para usted. También debe asegurarse de considerar el punto de vista de su objetivo. De esa manera, puede cubrir fácilmente su rastro.

5. *Mantenga su historia en orden.* Mentir es difícil. Tiene que ser coherente con los detalles. Si tiene que tomar notas, tome notas. El problema con los mentirosos terribles es que cuentan historias diferentes a personas diferentes. Esto puede confundir al mentiroso y aumentar la probabilidad de que las personas comiencen a hablar, y se den cuenta. Por lo tanto, mantenga su historia consecutiva, sin importar quién le pregunte sobre ella.

6. *Manténgase alerta.* Debe estar concentrado. Debe comprometerse con la historia que está contando. Si es acusado de mentir, no se permita sentir culpa o miedo. Si lo hace, esas emociones se mostrarán en su cara y en sus gestos... son un claro indicativo. Comprométase con la historia. Una gran manera de comprometerse es darle un giro a su cabeza recordando activamente su nueva historia como si fuera exactamente lo que pasó. Convénzase de que no es un mentiroso, y nadie más puede convencerle de lo contrario, incluso cuando está en medio de una mentira. Disfrute del proceso de engaño, de confundir a su objetivo. Sea lo que sea que haga, no sienta vergüenza o remordimiento. Si puede disfrutar confundiéndolos, entonces no es probable que meta la pata. Sin embargo, tenga cuidado con el temido engaño. No querrá que esa pequeña y secreta sonrisa se le escape de la cara a menos que esté contando una historia divertida o feliz.

7. *No dé indicios.* ¿Quiere ser un gran mentiroso? Entonces necesita ser consciente de lo que está señalando de forma no verbal. Quiere mantener el contacto visual, pero no más ni menos de lo que suele hacer en una conversación. Quiere mantener su lenguaje corporal y las palmas de las manos abiertas, ya que esto comunica subconscientemente que no tiene nada que ocultar. Mantenga su respiración uniforme. No trague. No se rasque. No se mueva. No permita que su voz baje o suba más de lo normal, y tenga cuidado de no hacer más gestos de los habituales.

8. *Póngalo en marcha.* Cuando su objetivo sospeche que está mintiendo, tiene que subir el listón emocionalmente. Todos los grandes mentirosos son increíbles para manipular a las personas. Duplique la emoción. Alternativamente, pídales que dejen de lado sus sentimientos y miren las cosas lógicamente por un momento, y luego hágalos caminar a través de su tipo de lógica. El hecho de que utilice la palabra "lógica" con ellos ya les hace suponer que lo que salga de su boca es la verdad y nada más que la verdad. También usted puede distraerlos. Si es increíblemente atractivo, y está bastante seguro de que no pueden evitar notarlo, aprovéchelo. Si es un hombre de 40 años con cara de bebé, puede atraerlos jugando sutilmente con la inocencia infantil, especialmente si es alguien que siente la necesidad de estar en una posición superior a la suya todo el tiempo.

9. *Hacer retroceder.* La mayoría de la gente normal no está de acuerdo con la mentira y se siente igual de incómoda señalando a los demás. Como mentiroso, puede utilizar esto a su favor. Fíjese en la forma en que los políticos responderán agresivamente a las acusaciones que se hacen contra ellos. Esta agresión no es necesariamente siempre lo que parece. Con esta agresión, ellos alejan a sus objetivos de la cuestión real, por lo que tendrán que reagruparse y tener otra oportunidad de acusarlos, para esta vez, el político estará suficientemente preparado para la siguiente ronda de preguntas y acusaciones.

10. *Llegar a un acuerdo.* Incluso si es atrapado en una mentira, puede escapar de las peores consecuencias por medio de la negociación, como lo llaman los psicólogos. Lo que quiere hacer es reducir, suavizar o erradicar totalmente todos los sentimientos de responsabilidad por la mentira que dijo. Cuando pueda reducir la responsabilidad de las mentiras, así como la ira y la culpa que resultan de sus mentiras, es más probable que tenga un resultado aún mejor que lo que le esperaba si no hubiera negociado.

Capítulo 5: Aprendizaje del comportamiento humano

No se puede detectar el engaño sin entender el comportamiento humano. Este capítulo detalla las diferentes pistas en el comportamiento humano que hacen que el engaño esté en juego. Mientras que no hay pistas específicas que estén exclusivamente ligadas al engaño, hay pistas a las que puede prestar atención en lo que respecta a la cognición y la emoción.

En su mayor parte, las mentiras se dan a menudo por las circunstancias o factores que rodean a la mentira, no necesariamente por el comportamiento del mentiroso. Dicho esto, a veces el comportamiento es todo lo que tiene para averiguar si le están mintiendo o no sobre las acciones o intenciones de alguien. Dado que el maquiavélico miente deliberadamente, no sería exagerado asumir que hay algunas señales sutiles en su forma de actuar que pueden delatarlas.

Estas son las preguntas que importan:

- ¿Hay alguna pista que puede encontrar cuando dicen mentiras?
- Si hay pistas, ¿puede verlas solo con los ojos, sin ayuda?
- ¿Son estas pistas consistentes todo el tiempo, sin importar el mentiroso en cuestión, la situación o la cultura en juego?
- Asumiendo que hay pistas, ¿hay alguna manera de descubrirlas en tiempo real, sin usar tecnología?

¿No sería grandioso si la nariz de cada mentiroso creciera mágicamente unos centímetros cada vez que dijera una mentira? Desafortunadamente, este no es el caso, e incluso la ciencia no ha señalado un conjunto de pistas que se apliquen a todo el mundo, independientemente de la situación y la cultura. Las pistas tradicionales de engaño conocidas por la mayoría de las personas, como moverse nerviosamente, tartamudear, evitar el contacto visual, etc., pueden ocurrir por otras razones además de que alguien le mienta.

Comportamientos humanos aprendidos y tics de un mentiroso

Hay investigaciones sobre la detección de mentiras basadas en el comportamiento, y puede clasificarlas ampliamente en dos categorías:

- Las pistas cognitivas involucran la memoria y los pensamientos del maquiavélico sobre lo que están diciendo.
- Las pistas emocionales involucran los sentimientos del maquiavélico mientras miente y sus sentimientos en torno al tema del engaño en general.

Pistas cognitivas del engaño

Existe un gran esfuerzo para ocultar, fabricar o distorsionar la información, mucho más esfuerzo del que se necesitaría simplemente para decir la verdad. Los maquiavélicos tendrán que inventar historias sobre lo que no sucedió realmente, encontrar maneras de encubrir lo que sucedió y hablar de las cosas de tal manera que permita a las personas obtener el significado que quieran de sus palabras.

También hay que hacer un esfuerzo por decir la verdad cuando no es precisamente cómodo, ya que habría que encontrar la forma más delicada de decirlo para no ofender al oyente o hacerle sentir mal. Al decir verdades incómodas, a menudo hay pistas, como perturbaciones más frecuentes en el habla, la latencia del discurso, ideas inverosímiles o no tan plausibles, mucho menos implicación en términos de comunicación vocal y verbal, menos tiempo dedicado a hablar y repetición constante de frases y palabras, entre otras pistas. La ciencia también muestra que puede haber un cambio en los comportamientos de comunicación no verbal debido a todo este esfuerzo. Por ejemplo, los movimientos usuales de las manos y la cabeza que se hacen con el habla a menudo delatan cuando alguien está mintiendo en lugar de decir la verdad.

Otra cosa a considerar cuando se trata de la mentira y la cognición son las características de la memoria naturalista. Cuando se ha experimentado un evento, hay cualidades de la memoria, que son muy claras cuando se describen esos eventos, frente a cuando se describen eventos que no son reales. Cuando se cuenta un cuento sobre algo que nunca ocurrió, la historia suele tener más ambivalencia y menos detalles, y tampoco hay una secuencia lógica de acontecimientos, poca o ninguna plausibilidad, mucho más en forma de declaraciones negativas, y menos en forma de contexto.

No es probable que el mentiroso admita que es olvidadizo, y no es probable que haga ajustes o correcciones espontáneas a sus historias. Puede hacer más uso de palabras que describan emociones negativas, y también hará lo posible por distanciarse de la mentira que está diciendo refiriéndose a sí mismo lo menos posible. Las pistas que se pueden detectar con respecto al esfuerzo mental que el mentiroso usa parecen suceder más a medida que entregan su mentira. Todas las pistas sobre el recuerdo de la memoria se encuentran dentro del contexto de la mentira.

Tenga en cuenta que no todas las mentiras requieren un esfuerzo por parte de todos. Las preguntas cerradas que solo requieren respuestas de "sí" o "no" son bastante fáciles de responder con una mentira. Una pregunta abierta que requiere que un mentiroso entre en más detalles no es tan fácil de responder si pretenden ser deshonestos. También puedes esperar que cuanto más inteligente sea el mentiroso, más persuasivo puede ser. Esto es especialmente así si eligen usar un evento que realmente ocurrió en algún momento como su coartada, en lugar de crear una completamente nueva. Por ejemplo, pueden decir que estaban lavando la ropa en el momento en que ocurrió el crimen, cuando en realidad, solo recuerdan el día anterior, que es el día real en que lavaron la ropa.

Pistas emocionales

No es raro que las mentiras causen emociones en el mentiroso, desde la expresión de "el placer de engañar" por haber logrado engañar a alguien, hasta la ansiedad y la preocupación por ser atrapado, pasando por sentimientos de inmensa culpa por tener que mentir sobre algo. Típicamente, las emociones se manifestarán en las expresiones faciales y el tono de la voz, y a veces esto es todo lo que se necesita para contar de manera confiable cómo se siente alguien en un momento dado.

Las investigaciones muestran que las expresiones faciales para emociones específicas como el desprecio, la ira, el miedo, la felicidad, el asco, la angustia, la tristeza y la sorpresa son reconocidas universalmente en todas las culturas y son prácticamente las mismas en todo el mundo. Dependiendo de lo que esté en juego con la mentira que se diga, a menudo habrá más de estas expresiones faciales y cambios de tono vocal. Si se trata de una mentira casual, es decir, una mentira que la mayoría de las personas dicen todo el tiempo y sin pensarlo mucho, no habrá tanta emoción en juego.

Los estudios también han demostrado que un mentiroso a menudo parecerá mucho más nervioso que alguien honesto. No son tan agradables en cuanto a las expresiones faciales. Hablan con un tono más alto y mucha tensión, sus pupilas se dilatan y se agitan. Cuando la mentira es sobre cómo se siente, el mentiroso mostrará cómo se siente realmente en su forma de hablar y en las expresiones de su cara, independientemente de lo mucho que intente cubrir sus emociones. Recuerde que, aunque muestren estos relatos, son muy sutiles y a menudo breves.

Los objetivos del mentiroso

De nuevo, mentir ocurre todos los días. Muchas personas dicen mentiras, y a menudo, no es realmente un picnic tratar de descifrar cuando usted está siendo engañado. Ahora bien, nadie está exento de ser el tonto en ningún momento, pero el problema es que algunas personas son muy fáciles de engañar y manipular, en particular, las personas que son muy:

1. Optimistas
2. Pasivas
3. Empáticas

El Empático

Para el empático, no hay necesidad de pensar demasiado cuando las personas buscan apoyo o ayuda de ellos, o se presentan como vulnerables. El empático siente profundamente las alegrías y los dolores de los demás, convirtiéndolos en presa fácil para el maquiavélico. Son increíblemente expertos en leer y sentir las emociones de otras personas, y es esta notable habilidad la que los deja abiertos a los esquemas del maquiavélico. Ni una sola vez el empático asume que alguien puede estar fingiendo sus lágrimas. Solo tienden la mano para ayudar y consolarles porque eso es lo que son. Honestamente, no hay nada malo en ser un empático mientras seas un empático cuidadoso.

El pasivo o el ingenuo

Los que son ingenuos o pasivos también son bastante fáciles de engañar, ya que sus pensamientos son muy simples, y no tienen suficiente juicio o experiencia para saber cuándo se les está mintiendo. Nunca los atraparía pensando dos veces cuando un mentiroso les echa una mentira encima. Para ellos, el mundo es un lugar simple, y no hay razón para que nadie quiera complicarlo mintiendo. Así que cuando les mienten, ni siquiera se dan cuenta.

El optimista

Los optimistas también son vulnerables porque prefieren asumir lo mejor de todos. El problema es: "todos" también incluye al mentiroso. Ellos miran el mundo a través de lentes de color dorado. No importa cuán rara o perturbadora sea una mentira, lo más probable es que el optimista no se dé cuenta, ya que a menudo es honesto con los demás y consigo mismo y espera que le devuelvan esa misma honestidad. Puede estar seguro de que es un optimista el que inventó la frase "beneficio de la duda".

Entonces, ¿está siendo blanco de los mentirosos? Este podría no ser necesariamente el caso, sin embargo, debe tener cuidado al tratar con personas aparentemente engañosas. Las personas que mienten no lo hacen necesariamente para apuntar a alguien en particular. Dicho esto, lo harán con intuición, se mantendrán flexibles y cambiarán de táctica dependiendo de con quién estén interactuando.

En otras palabras, es posible ser susceptible al engaño en sus palabras, en teoría. Además, solo porque sea más fácil mentir a ciertas personalidades que a otras, no significa que todos los demás sean impermeables a ser engañados. Una buena regla general sería ser cuidadoso cuando se trata de extraños, al menos. Esto no es abogar por la paranoia, sino simplemente sugerir que se tenga cuidado.

Capítulo 6: Tácticas de manipulación

Los maquiavélicos pueden hacer lo que hacen con una manipulación psicológica y emocional. La manipulación psicológica ocurre cuando el maquiavélico influye socialmente en usted para que actúe de manera diferente, de la manera que ellos prefieren. Manipulan para cambiar las percepciones de los demás y usan tácticas engañosas, retorcidas, indirectas e inmorales. El objetivo de la manipulación es conseguir algo a expensas de otra persona. En otras palabras, la manipulación es el manejo a causa de la explotación y la falta de transparencia que se está produciendo.

La influencia social no siempre es algo malo. Por ejemplo, si usted tiene un hábito de fumar, y su médico, familia y amigos hacen todo lo posible para persuadirlo de que deje de fumar, eso no sería necesariamente algo malo al final. Los demás no tienen nada que ganar si deja de fumar. De hecho, usted es el que más se beneficiará al ceder a su persuasión. En este caso, no está siendo manipulado, solo persuadido. Otra diferencia clave entre la persuasión y la manipulación es que la primera está bien siempre y cuando todos respeten que no tiene que hacer lo que se le pide, y no está bajo coacción o siendo forzado a cumplir con las sugerencias. Usted y solo usted puede aceptar lo que están sugiriendo, o desecharlo.

Aspectos clave de la manipulación

Para que el manipulador manipule, tienen que:

1. Esconder sus malas intenciones y actuar como si fueran amigables e inofensivos.

2. Conocer las diversas formas en que su blanco es psicológicamente vulnerable, para que puedan descubrir las mejores tácticas de manipulación a utilizar.

3. Ser lo suficientemente despiadado para no tener problemas en dañar a su blanco cuando sea necesario.

Así es como opera el maquiavélico cuando se trata de mantener el control de las personas que manipula:

1. *Usan refuerzo positivo.* Le elogiarán, serán encantadores, excepto que dicho encanto sea realmente superficial, le tirarán dinero, mostrarán una falsa simpatía, le darán su aprobación, se disculparán más de lo necesario, le darán regalos espléndidos y atención, forzarán sus sonrisas y risas, y también le reconocerán públicamente por haberlo hecho bien.

2. *También utilizan el refuerzo negativo.* Se ofrecerán a sacarle de una situación terrible si usted acepta hacer lo que ellos quieren que haga.

3. *Usan refuerzos parciales o intermitentes, tanto positivos como negativos.* Cuando se trata de lo primero, pueden aconsejarle que siga adelante con lo que quieren que haga. Cuando es la segunda, le hacen sentir mucha duda y miedo sobre lo que quiere hacer.

4. *Le castigarán de plano.* Ese castigo incluirá tratamiento silencioso, gritos, regaños, juramentos, tácticas de intimidación, hacerle sentir culpable, llorar, chantaje emocional, enfurruñarse y actuar como la víctima.

5. *Le causarán un trauma solo una vez.* Hacen esto para que aprenda a ponerse en línea. Pueden usar la ira explosiva, el abuso verbal y otras formas de intimidación para mostrarle que son los mejores, y no aceptarán ninguna broma de usted ni de nadie. Cuando ha experimentado su reproche una vez, es más que probable que encuentre maneras de no molestar a la persona que hace la manipulación.

Técnicas de manipulación

Técnica #1: Mentir por omisión. El maquiavélico elige ocultar los aspectos más vitales de la verdad.

Técnica #2: Mentir por el cometido. Aquí, la verdad está sesgada; sin embargo, no puede decir cuando el mentiroso le está mintiendo. Tenga en cuenta que el maquiavélico es un maestro en el engaño, y miente a menudo y sutilmente.

Técnica #3: Racionalización. El maquiavélico encontrará una excusa para actuar como lo hizo, aunque sea totalmente inapropiado.

Técnica #4: Negación. Se niegan a confesar lo que han hecho.

Técnica #5: Desviación. No le dan una respuesta directa. Prefieren evadirla cambiando el tema.

Técnica #6: Minimización. Esto implica tanto la racionalización como la negación. El maquiavélico seguirá insistiendo en que lo que hicieron no fue tan terrible o peligroso como alguien dice. Ellos son los que se apresuran a descartar los comentarios cortantes que hacen como "solo bromas".

Técnica #7: Culpabilidad. El maquiavélico le dirá: "No te importa en absoluto. ¡Eres tan egoísta! Sin embargo, no te culpo. Es solo porque has tenido una vida fácil". Este tipo de declaraciones le hace sentirse culpable, así que se encuentra siempre ansioso, duda de sí mismo todo el tiempo, y es sumiso cuando se trata de ellos.

Técnica #8: Intimidación encubierta. El manipulador le pondrá deliberadamente a la defensiva haciendo amenazas implícitas, sutiles, indirectas, veladas solo lo suficiente para que usted reciba el mensaje, y para que los demás lo pasen por alto.

Técnica #9: Agraviar. El maquiavélico busca hacer que se ponga a la defensiva con esta poderosa técnica. No solo está a la defensiva, sino que también hace un buen trabajo al cubrir la intención de su mensaje y va un paso más allá: Le hacen parecer a usted, la verdadera víctima, como el abusador cuando decide defenderse.

Técnica #10: Vergüenza. El Mach será sarcástico y le humillará en presencia de los demás. Esto sirve para subir la apuesta cuando se trata de cuánto usted y todos los demás les temen, y también hace que usted dude de sí mismo. La técnica de la vergüenza no siempre es tan obvia. A veces es solo en su tono de voz; otras veces, es una mirada enojada e intensa. Pueden hacer comentarios retóricos a los que no puede responder con una sutil pizca de sarcasmo. Pueden hacer que se sienta asustado o avergonzado por intentar enfrentarse a ellos. Es una gran manera de hacer que sus blancos se sientan terribles.

Técnica #11: Actuar como la víctima. Al maquiavélico le resulta fácil hacerse pasar por la víctima sufrida de otra persona, o circunstancia, solo para hacer que la gente se sienta mal por ellos o llegar a ellos y fortalecer sus relaciones. El problema es que las víctimas a menudo tienen un corazón real, y su amor y cuidado inevitablemente ponen una X en su espalda para que el maquiavélico apunte y dispare.

Técnica #12: Actuar como sirviente. Enmascararán su agenda egoísta de manera que parezca una causa noble. Dirán cosas como, "Oye, solo estoy haciendo mi trabajo", cuando en toda honestidad, solo están disfrutando de tratarle terriblemente o de verlo sufrir.

Técnica #13: Culpar a los demás. El Mach buscará chivos expiatorios y de la manera más sutil, tan sutil que le será difícil detectarlo. Proyectarán sus pensamientos sobre usted y harán que parezca que está equivocado. Incluso cuando los atrapen en sus mentiras y los expongan por lo que son, seguirán echándole la culpa por ser crédulos en primer lugar, como si no tuvieran más remedio que explotar y engañarlos por ser tan abiertos y confiados. La única vez que el manipulador está de acuerdo en aceptar la culpa es cuando quiere parecer que tiene remordimientos.

Técnica #14: Fingir inocencia. El Mach tratará de hacerle creer que no quería hacerle daño. Mentirán y dirán que no hicieron lo que usted les acusa. Incluso pueden fingir sorpresa y actuar indignados. Cuando lo hagan, comenzará a preguntarse si realmente experimentó las cosas como lo hizo, o si está perdiendo la cabeza.

Técnica #15: Fingir confusión. El maquiavélico actuará de forma estúpida, ya que no tienen ni idea de lo que usted está hablando. Actuarán como si estuvieran confusos cada vez que aborde un asunto serio con ellos. Harán todo lo que puedan para confundirle y que se pregunte si su versión de los hechos es realmente válida, o si su cordura se está desvaneciendo. Le señalarán ciertos puntos clave, que tenían en su lugar, como planes de contingencia para la ocasión. También se habrán asegurado de tener a personas que puedan respaldar su historia, ya sea inocentemente o con tanta intención malévola como el propio Maquiavelo.

Técnica #16: Efecto arrastre. El maquiavélico hará que se someta reconfortándole, diciendo que muchas personas ya han hecho lo que usted está haciendo, y por lo tanto también podría hacerlo. Dirán cosas como: " Las personas como tú..." o "Todos lo están haciendo".

Técnica #17: La ira como arma. El maquiavélico usará la ira como un arma, blandiéndola tan intensamente como pueda para llevarle a un estado de sumisión. Parece que están enojados, pero no lo están. Es todo un acto. Quieren lo que quieren de usted, y saben que, si actúan con ira, es probable que se lo dé. Pueden llegar a la manipulación con una ira controlada para no tener que lidiar con la vergüenza de un enfrentamiento entre ambos, o pueden ocultar sus verdaderas intenciones, o pueden mantener oculta la verdad. Amenazarán con llamar a la policía o con hacer informes falsos.

Junto con la ira controlada, se obtiene el chantaje. El maquiavélico usa la ira para evitar tener que decir la verdad cuando no quieren. Usan la ira como escudo o mecanismo de defensa para que todas las sospechas e investigaciones estén muertas al llegar.

Ejemplos de manipulación en el mundo real

Meredith estaba preocupada por su amiga íntima Kayla. Kayla tenía un novio llamado Jeff, que siempre la amenazaba con suicidarse cada vez que intentaba romper con él. Ella tenía razones muy válidas para irse porque él era verbal, física y sexualmente abusivo. Finalmente, Meredith convenció a Kayla de que buscara ayuda profesional y, con el tiempo, Kayla tuvo las agallas de terminar las cosas con Jeff. Él trató de amenazar con suicidarse para que se quedara otra vez, pero esta vez, Kayla no cedió. Finalmente lo pusieron bajo vigilancia por suicidio, y Kayla se aseguró de impedir que él la contactara de nuevo. Amenazar con suicidarse es algo que los manipuladores hacen para mantener a la persona a raya.

Ben tuvo que lidiar con un manipulador en el trabajo que nunca se apegaba a los hechos y siempre lo acusaba de una cosa u otra. Un día, Ben tuvo suficiente.

Su jefa lo había convocado a la oficina y le dijo: "¡Usted es un irrespetuoso!".

Donde Ben normalmente se acobardaría, esta vez le preguntó: "¿Cómo fui irrespetuoso?".

Su jefe se quedó sin palabras, y esto solo la puso iracunda. "¡No lo sé y no me importa! ¡Todo lo que sé es que eres increíblemente irrespetuoso!".

Así que Ben lo intentó de nuevo preguntando: "¿A quién le falté el respeto? Dímelo, y lo arreglaré". Sin embargo, su jefa no tenía una respuesta concreta. Se hizo bastante obvio que su jefa solo quería manipularlo y provocarle para que reaccionara emocionalmente, pero Ben había frustrado sus planes.

Ben siguió presionando preguntando: "¿Qué me ha oído decir o visto hacer que le hace sentir que soy irrespetuoso?".

Su jefa no pudo hacer nada más que tartamudear en respuesta. Ella nunca lo volvió a molestar.

Nigel tuvo una relación con Anita durante dos años, y sufrió un trauma indecible. Anita siempre aprovechaba cualquier oportunidad para decirle a Nigel que no recordaba bien las cosas, o que había olvidado cómo eran las cosas en realidad. Como si esto no fuera suficiente problema para Nigel, tenía un desorden esquizoafectivo, lo que significaba que tenía estados alterados y lapsos de memoria. Nigel finalmente se dio cuenta de lo que pasaba cuando comenzó a hablar con otras personas que pasaban por lo mismo. Una vez que Anita ganaba una discusión con él, hacía que Nigel cuestionara su cordura y su memoria. Se abalanzaba y actuaba como el ángel, la buena mujer que perdonaba y amaba tanto a su desastroso novio. Le recordaba repetidamente que no importaba lo que nadie dijera, nunca juzgaría a Nigel por sus lapsus de memoria.

Lucy, la ex esposa de Charles, sabía muy bien que él quería una PS4 cuando se lanzara la videoconsola. Era todo de lo que podía hablar. Así que, cuando Lucy quería hacer algo, y sabía que a Charles no le gustaría nada, le llamaba por teléfono mientras estaba en el trabajo para hacerle saber que había una sorpresa esperándole en casa. Días antes de hacer la llamada, le daba sutiles pistas sobre el PS4 a Charles, y él las tenía en mente. Cuando llamaba, lo hacía varias veces para emocionarlo por lo increíble que era la sorpresa, y por cómo no podía esperar a que la tuviera.

Charles caería en la trampa cada vez. Llegaría a casa, y allí estaría ella, presentándole orgullosamente un collar barato o un chaleco que sabía que Charles odiaría. Lo observaba como un halcón, buscando una reacción que dijera que no le gustaba el regalo. Una vez que se daba cuenta de que estaba muy decepcionado, comenzaba con las lágrimas de cocodrilo.

"¿No te gusta? ¡No puedo creerlo! ¿Tienes idea de cuánto cuesta esto? ¿Cuánto tiempo tuve que esperar para conseguirlo? ¡Eres increíblemente insensible y tan desagradecido! ¡No tienes ni idea de cómo me siento de herida ahora mismo!".

Y una y otra vez, ella seguía acusando a Charles de no apreciar sus esfuerzos. Inevitablemente, Charles se sentiría culpable, y entonces tendría que hacer lo que fuera que Anita quisiera para aplacarla.

En el momento en que Charles le diera a Anita lo que más quería, de repente no le importaría nada el "regalo" que le había hecho. De hecho, él llevaba uno de los chalecos que ella le había regalado una vez, y ella le había preguntado... "¿De dónde has sacado esa cosa tan horrible?".

Charles dice que Anita era una mentirosa compulsiva y una gran manipuladora, excepto cuando consumía alcohol.

Capítulo 7: Tácticas de negociación oscuras

La negociación es el proceso de llegar a un acuerdo mutuamente beneficioso. A menudo implica llegar a un compromiso o a un entendimiento, asegurándose de evitar disputas y discusiones. Por alguna razón, muchas personas tienen miedo de negociar cuando en realidad no hay nada más que hacer que llegar a un acuerdo, o al menos, eso es todo lo que debería ser. El problema ocurre cuando se negocia con alguien que es maquiavélico o parte de la tríada oscura. En esta situación, es fácil sentirse intimidado porque en realidad son expertos en conseguir que haga lo que quieren que haga, y a diferencia de otras personas normales, no tienen miedo de utilizar trucos sucios y mostrar autoridad hasta que se acobarde y entregue lo que le pidan.

La maquiavélica y oscura negociación

En una negociación oscura, no se considera un escenario en el que todos ganen. Incluso cuando así parezca al principio, al final se encontrará con que se le ha defraudado. La ética o la moral no obligan a los maquiavélicos, por lo que no temen jugar el juego de la negociación tan bajo y sucio como sea posible. Por lo tanto, sería en su mejor interés aprender el tipo de tácticas que usan para coaccionarlo a una posición en la que realmente preferiría no estar.

Tácticas de negociación oscuras

Táctica #1: *Falsa decepción.* El maquiavélico sabe lo poderoso que es actuar con decepción. No es solo anecdótico; la ciencia también lo respalda. Las investigaciones han demostrado que cuando parece decepcionado durante las negociaciones, se le exigen menos y se le hacen más concesiones. La razón de esto es que la otra persona sentirá la necesidad de darle más para ponerlos a ambos en igualdad de condiciones o hacerlos sentir mejor sobre el acuerdo que están alcanzando.

El maquiavélico es muy consciente del poder de actuar decepcionado. De hecho, llegarán a actuar como si no les gustara la oferta que le has hecho cuando, con toda honestidad, podrían estar extasiados por lo que han obtenido de usted hasta ahora. El maquiavélico sabe dos cosas:

1.   Si actúan infelices, es posible que sean más felices de lo que ya lo son, ya que pueden pedir más.

2.   Si actúan felices, puede que le haga pensar que debería ofrecerles aún menos, o que debería pensárselo dos veces antes de ofrecérselo.

Los mejores negociadores, y maquiavélicos, saben que nunca deben tomar la primera cosa que se les ofrece. También saben esto: Nunca demuestre que está impresionado.

Bloqueo: Cuando el maquiavélico actúe infeliz, hágale saber que, desafortunadamente, no hay mucho más que pueda ofrecerle, pero si le hacen saber qué es lo que quieren, puede pasárselo al directivo o a una autoridad superior.

Táctica #2: "Tendrá que hacerlo mejor que eso". El pro negociador o maquiavélico, que no son necesariamente los mismos, saben usar la frase. Luego se quedan en silencio y le permiten seguir adelante y hacer una concesión que funcione para ellos.

Bloqueo: Cuando escuche esa línea, debe responder preguntando algo al efecto de: "Bien. ¿Cuánto mejor estamos hablando?". Cuando respondas esto, queda a cargo de la negociación. También evite cometer el error de ir más allá de lo que realmente quieren de su persona.

Táctica #3: *"No esté tan a la defensiva".* Cuando escuche esto, sepa que el manipulador está usando la psicología inversa en usted. A menudo, esta línea surgirá cuando el maquiavélico es muy consciente de que no está jugando con ellos. Si sienten que no confía en ellos, le pedirán que no esté tan a la defensiva, y podrían seguir esa línea con una broma para que baje la guardia. Si se ríe o sonríe de buena manera, significa que está de acuerdo con ellos, acordando que sí, que está siendo demasiado defensivo, y que necesita estar más dispuesto a hacer algunas concesiones más.

Bloqueo: No conteste nunca diciendo que no está a la defensiva. Si lo hace, se encontrará psicológicamente preparado para actuar de forma más confiada, abierta y digna de confianza solo para demostrarles que están equivocados, y esto pone el poder en sus manos. En lugar de eso, debería decir algo como esto: "Tu método para tratar conmigo me pone a la defensiva. Si quiere entrar en eso, le diré precisamente cómo y por qué". Responder de esta manera pone el poder directamente en sus manos. Por otro lado, puede responder simplemente con una broma como, "Ofréceme un trato mejor, y bajaré mi espada y mi escudo". Asegúrese de sonreír, pero de una manera que no llegue a sus ojos. Mientras lo hace, asegúrese de mantener su mirada. Lo que sea que haga, nunca mire hacia otro lado, y nunca parpadee hasta que cedan o cambien de táctica.

Táctica #4: *Crear una autoridad superior inexistente que haga difícil de conceder.* ¿Cómo puede saber que está negociando con un idiota? Cuando se presentan como la última parada de autobús o autoridad final. Si la persona con la que está negociando le hace saber que tiene algún "margen de maniobra para acordar un precio", no tiene ningún poder. El negociador poderoso sabe actuar como nada más que un chico de los recados, un cordero, un portavoz. Actúan como si no pudieran decidir por sí mismos, y necesitarán comprobar con los jefes de los mandos si pueden o no hacer las concesiones que usted busca. Con esta ventaja inexistente, pueden jugar todo tipo de juegos en su contra. También tienen las ventajas de:

1. Ganar tiempo mientras "preguntan" a su "gente".

2. Parecer duro sin ser desagradable. (Pueden decir que le darían) lo que quiere, pero tienen jefes muy duros.)

3. Haciendo el acuerdo de último minuto o el truco de la concesión con usted (que se detallará más adelante en el libro).

Bloqueo: Hay varias formas de lidiar con esta oscura táctica de negociación:

1. Compórtese como si les creyera teniendo en cuenta el juego que están jugando con usted.

2. Puede decir, "Oye, ¿realmente estamos jugando al policía bueno, al policía malo?".

3. También puede decir, "¡Genial! ¿Cuándo se va a reunir con ellos? Me encantaría estar allí para poder hablar con ellos también".

4. O puede decir, "Oh vamos, usted es el jefe/experto/director. Apuesto a que los demás tendrán que seguir sus decisiones de todos modos, ¿no?".

5. **Táctica #5**: *Luchar por un acuerdo de último minuto con falsos inconvenientes de último minuto.* No es raro que el manipulador espere hasta el último minuto para decirle, "Algo acaba de surgir". Hacen esto para obtener una concesión de último minuto de su parte. Al principio, todo va muy bien. De hecho, han dado luz verde a la transacción, y le hacen saber que solo tienen que comprobar con el jefe o la junta, y todo suena como si fuera un trato sólido y hecho. Sin embargo, en el último minuto, vuelven a informarle que la junta o el jefe está siendo difícil, y por lo tanto no tiene otra opción que hacer una concesión.

6.

Bloqueo: Cuando le hagan saber que la gente a cargo está siendo difícil, hágales saber que también tendrá que volver con su gente, o tendrá que pensar en lo que le están diciendo. Si está en una situación en la que le necesitan mucho más de lo que usted los necesita, debe seguir adelante y explotar eso. Puede decir: "Mira, Joe, lo he pensado mucho y me gustaría mantener mi parte del trato. Pero he tenido tiempo de hacer cálculos, y cada día estoy más ocupado con más demanda, y... Odio tener que faltar a mi palabra, pero considerando la forma en que está el mercado, tengo que cobrarle un diez por ciento más para que valga la pena. Ya que le he dado un precio muy diferente, estoy dispuesto a reducirlo al 5%, pero solo para usted. Así que, hágamelo saber al final del día".

Táctica #6: *Policía bueno, policía malo.* Ya conoce cómo va esto. Aquí están las diferentes maneras en que esto puede funcionar:

1.   El policía malo actúa estrictamente mientras que el policía bueno actúa más agradable.

2.   El policía malo actúa enfurecido y sale de la habitación, mientras que el policía bueno actúa como un amigo.

3.   El policía bueno le hace saber que le darán lo que pide, pero los poderes que se conocen como "policía malo" no se lo permiten.

Bloqueo: Tenga su propio policía malo, real o falso. Alternativamente, puede actuar como si estuviera cayendo en su trampa, y luego usarla a su favor para ver qué es lo que le ofrecen. Cuando la persona que actúa como policía bueno le ofrezca un trato, le habrá mostrado su mano. Automáticamente le han hecho saber lo que funciona para ellos, que es lo que no debe aceptar en absoluto.

Táctica #7: *Deje que vengan a usted.* Cuando se trata de negociaciones, el poder percibido es muy importante. Cuanto más poder tenga, más concesiones obtendrá en una negociación porque el negociador más débil está obligado a darle lo que quiere. He aquí algunas formas sutiles en las que el negociador puede demostrar su poder sobre su persona:

- Venga a mi oficina (o a mi casa, o a su lugar preferido.)
- Solo estoy libre de 7 a. m. a 7:30 a. m., ¿le viene bien a usted?
- Estoy bastante ocupado esta semana. Hablemos la semana que viene, ¿de acuerdo?

Cuando lo pueda evitar, no vaya a su casa u oficina, o donde quieran que se encuentren. Si se encuentran en su territorio, básicamente dice que tienen más poder. También les hace sentir mucho más seguros, lo que significa que tienen la ventaja.

Bloqueo: Proponga su lugar preferido, o pídales que se reúnan con usted a mitad de camino. Otra cosa que nunca debería hacer es perseguirlos con demasiada fuerza, a menos que esté dispuesto a ceder su poder, o sea parte de su estrategia a largo plazo.

Táctica #8: *Encierro.* Esto implica ser superado en número. El comienzo de las negociaciones es a menudo un tira y afloja, donde el juego se trata de aferrarse al máximo poder. La forma en que funciona esta táctica es simple: el negociador se presenta con un montón de otras personas, y eso puede hacer que se sienta automáticamente a la defensiva. Si nota que todos están sentados a un lado de la mesa, o peor aún, a su alrededor, básicamente están tratando de enmarcar la situación en una situación de "muchos contra uno". En caso de que solo sean usted y otras dos personas negociando, tenga en cuenta si uno de ellos se sienta frente a usted mientras el otro elige sentarse a su lado. Podrían estar saltando para el juego del policía bueno contra el policía malo.

Bloqueo: Debería decirles, "Solo esperaba a Joe. ¿Por qué está aquí con más amigos?". El negociador podría responder: "En realidad también están interesados, y tuvieron tiempo de unirse a nosotros, así que ahora que estamos aquí, sentémonos y hablemos, ¿sí?". En este caso, debería responder: "En lugar de tratar de jugar a juegos de negociación, lleguemos a una solución en la que todos salgan ganando. ¿De acuerdo?".

Si no teme parecer muy audaz, y sabe que no hay ninguna necesidad de que otras personas se involucren en la negociación, puede intentar decir esto: "Escuche, he estado en contacto con usted, Joe, y si no es mucha molestia, prefiero hablar con una sola persona. Cuanta más personas se involucren, más se complicará. Prefiero mantenerlo tan simple como sea posible". Luego añada, mientras mira a las otras personas no invitadas, "Conozco un gran lugar en la zona que puedo recomendarles donde pueden tomar bebidas y comida genial".

Táctica #9: *Mordisquear o la técnica de las "últimas gotas".* Digamos que ha terminado de negociar y está tan cerca de firmar los papeles. Finalmente puede relajarse y tal vez incluso pasar tiempo socialmente con su negociador para tomar una cerveza. Ahora, baja la guardia, y está emocionado por terminar las cosas. Cuando vaya a celebrar, el maquiavélico o negociador profesional hará todo lo posible por exprimirle para hacer algunas concesiones o sacarle las "últimas gotas" de champán.

Puede que digan, "Por cierto, va a escribir material extra para el libro, ¿verdad?". Si su respuesta es "no" o que no es el momento adecuado para añadir más cláusulas a su acuerdo, harán todo lo posible para que parezca que ya era obvio que tendría que hacer lo que le piden. Podrían hacer esto diciendo: "Oh, vamos. La única razón por la que no hablamos de ello es que es el procedimiento estándar. Todo el mundo tiene que estar de acuerdo en escribir extras".

Bloqueo: Tiene que controlar el cuadro. Puede hacerlo diciendo, "No, eso no está bien. Dice que todos tienen que hacerlo, pero ¿quiénes son todos? En mi experiencia, nadie lo hace, y nadie pide eso. Así que no intente estropear las cosas cuando ya hemos llegado a un gran acuerdo para los dos".

Aquí hay otras formas de lidiar con ello:

• Sonría como si estuviera bromeando.

• Hágales saber que el acuerdo que ya tienen es bastante impresionante tal y como está, y eso es todo.

• Hágales saber que después de ese movimiento oscuro que acaban de hacer, la cena, después de que se firmen los papeles, es cosa suya. Pero, si son lo suficientemente rápidos para conseguir que firme, puede que sea lo suficientemente amable como para celebrarlo con ellos. Entonces ofrezca una dulce sonrisa y espere.

Táctica #10: *Vacilar a primera vista.* Un gran negociador se "estremecerá" rápidamente cuando haga su primera oferta. Es una poderosa respuesta no verbal que dice, "¿Está usted loco? Recorte esa cifra, mucho más abajo, ¡ahora mismo!". Si baja de inmediato, ya no estará en una posición de poder y perderá toda la credibilidad.

El retroceso puede ser un grito dramático cuando le repitan su oferta, o puede ser tan sutil como que den un paso atrás y suspiren. A menudo, un buen negociador elegirá no tomar el camino dramático, ya que es una gran manera de arruinar la relación y resulta insultante para usted y el producto que está ofreciendo.

En lugar de hacer ruido, pueden detenerse y parecer nerviosos y pensativos, casi como si dijeran, "¡Realmente quiero esto, pero ese precio es demasiado loco!". Luego podrían hacerle un cumplido y tratar de exagerar mientras ejecutan el recorte. Podría ser algo como esto: "Bueno, entiendo por qué quiere que le paguen tanto. Quiero decir, es usted. Su trabajo habla por sí mismo, y yo soy un gran fan. Me encantaría encontrar la manera de trabajar con usted". Están construyendo una relación y halagándolo para ablandarlo para que pueda bajar su precio y no quedar mal. Un terrible negociador trataría de hacer que usted o su servicio parezcan inútiles.

Bloqueo: Nunca regrese a su primera oferta de inmediato. Si lo hace, está acabado. En su lugar, debería preguntar qué es lo que están pensando, y cuando le ofrezcan su trato, usted también debería retroceder en respuesta. Si le están adulando, puede simplemente responder, "Gracias". Me encantaría trabajar con usted, también, así que espero que de alguna manera pueda encontrar una forma de pagar el precio adecuado y justo, para que podamos empezar de inmediato".

Hay muchos juegos a los que juega el negociador oscuro. Mantenga los ojos bien abiertos.

Capítulo 8: Técnicas y principios de persuasión

La persuasión se trata de influir en las actitudes, motivaciones, creencias, comportamientos e intenciones de otras personas. Cuando sucede en los negocios, se trata de cambiar la actitud de un grupo o una persona hacia un objeto, o una idea, u otras personas o grupos, mientras se hace uso de herramientas visuales, palabras habladas y escritas, y cualquier otra cosa que ayude a transmitir sentimientos, razonamientos e información en general. También se trata de hacer uso de sus recursos, tanto personales como posicionales, para que las personas piensen o se comporten de la manera que desea que lo hagan.

Puede optar por la persuasión sistemática, en la que cambia las actitudes y los comportamientos apelando a la razón y la lógica, o por la persuasión heurística, en la que apela a las emociones o los hábitos de las personas para que se abran camino.

Los 21 principios de la persuasión

Probablemente se ha preguntado cómo es que algunas personas son increíblemente persuasivas. ¿Cómo se vuelven tan hábiles en hacer que otros vean las cosas a su manera? Bueno, los siguientes 21 principios le ayudarán a aprender a ser persuasivo y a detectar cuando un maquiavélico está en proceso de persuadirle para que pueda mantener la guardia alta.

#1: *La persuasión y la manipulación son dos cosas diferentes.* La manipulación implica ser coaccionado para hacer algo que definitivamente no es en su mejor interés. Por otro lado, la persuasión se trata de conseguir que una persona haga cosas que le beneficien a largo plazo y que le beneficien a usted.

#2: *Solo trate de persuadir a aquellos que pueden ser persuadidos.* Claro, puede persuadir a todo el mundo, pero solo cuando el momento y el contexto son los adecuados. Sin embargo, solo porque todos puedan ser persuadidos no significa que puedan ser persuadidos de inmediato. Muchas campañas políticas gastan mucho de su dinero y tiempo en solo un pequeño grupo de votantes indecisos que normalmente determinan el ganador de una elección. Hay una razón para ello. Así que, lo primero que quiere hacer es averiguar quién, en un momento dado, puede ser persuadido para ver las cosas a su manera. Entonces, dele toda su atención y energía.

#3: *El tiempo y el contexto importan.* Estas dos cosas son fundamentales para el arte de la persuasión. Es el contexto el que da una línea de base para lo que está bien. El momento es lo que establece el tono de lo que quiere de otras personas y de la vida. Preferiría casarse con alguien diferente del tipo de persona con la que salió en su juventud porque sus deseos y necesidades cambian naturalmente con el tiempo. Solo porque la persona a la que quiere persuadir quería algo ayer no significa que todavía esté desesperada por tenerlo hoy.

#4: *Solo aquellos que están interesados pueden ser persuadidos.* No puede persuadir a alguien a quien no le importa lo que le está ofreciendo. En su mayor parte, nadie se preocupa por usted. Solo se preocupan por lo principal, ellos mismos. Los pensamientos de todos están preocupados por la salud, el dinero o el amor. Para persuadir a la persona, debe entender cómo hablarles de sí mismos. Si aprende a mantener el foco de atención en ellos, ellos mantendrán sus ojos y oídos enfocados en usted.

#5: *La reciprocidad es una fuerza convincente.* Por alguna razón, cuando alguien hace algo por usted, siente la necesidad de hacer algo por ellos. Está grabado en el cerebro de las personas que deben ayudar a otros a prosperar. Usted, o el maquiavélico, puede usar esta necesidad de reciprocidad para persuadir a otras personas. Cuando le ofrece a los demás gestos pequeños y significativos, automáticamente puede pedirle mucho más a cambio, y ellos estarán encantados de ayudarle.

#6: *Sea persistente.* Vale la pena. Quien sea capaz y esté dispuesto a seguir pidiendo las cosas que quiere, y siga ofreciendo valor de manera constante, suele ser la persona más persuasiva. Por esta razón, muchos líderes históricos han sido capaces de reunir a las masas para estar de su lado.

#7: *Sea sincero en sus cumplidos.* A todos les gustan los cumplidos sinceros. Algo en ellos le da ánimo a uno. Las personas tienden a confiar en aquellos que los hacen sentir bien. Así que, sumando dos más dos, se hace obvio que cuando se puede, se debe felicitar a otras personas. Ser sincero, y mejor aún, elogiar las cosas de ellos por las que no suelen ser elogiados. Cuando ofrece cumplidos sinceros, es mucho más fácil persuadir a otras personas.

#8: *Establezca expectativas concretas.* Una gran parte de la persuasión es manejar efectivamente las expectativas de otras personas para que puedan confiar en sus elecciones. Digamos que es un director general y promete ganar un veinte por ciento más en ventas, pero gana un treinta por ciento más, definitivamente será recompensado. Sin embargo, si promete un 40%, pero solo obtiene un 37%, seguramente será castigado. En otras palabras, asegúrese de que no prometer de más y entregue más de lo esperado.

#9: *Nunca presuma.* No piense que sabe lo que necesita la siguiente persona. Solo haga su valor claro. Desafortunadamente, especialmente en el mundo de las ventas, muchas personas no se molestan en ofrecer su servicio o productos porque presumen erróneamente que otros no tienen ningún interés o no tienen el dinero para pagar. Nunca suponga lo que las personas quieren. Solo haga su oferta y deje que ellos decidan.

#10: *Escasez de fabricación.* El valor de todo es relativo. Las personas tienden a querer cosas porque otras personas quieren estas cosas. Cuando quiere que alguien quiera lo que usted tiene, debe hacer que esa cosa sea escasa, incluso cuando usted es el objeto del deseo.

#11: *Urgencia de fabricación.* Debe hacer que las personas a las que está persuadiendo sientan que necesitan tomar una decisión y actuar inmediatamente. Si no están lo suficientemente motivados para querer algo de usted de inmediato, es probable que tampoco lo estén en el futuro. Debe persuadir a las personas en el aquí y ahora, y puede hacer esto jugando con la urgencia o induciendo al FOMO (del inglés fear of missing out) - temor a perderse algo.

#12: *Las fotos son potentes.* Más potente que lo que escucha es lo que ve. Esa es la razón por la que ve un comercial de una droga, donde el escenario es un lugar feliz con personas sonrientes, mientras que en un tono bajo y súper rápido, hay una voz superpuesta que habla de los efectos secundarios mortales de la droga. Las imágenes dicen mucho más que las palabras. Por lo tanto, debe estar dispuesto a dar una gran primera impresión en la mente de las personas que está persuadiendo.

#13: *Diga la verdad.* Si quiere persuadir a alguien, debe decirle cosas de sí mismo que nadie más le dirá. No hay nada más significativo que ser confrontado con la dura verdad sobre sí mismo. Cuando les dice a las personas la verdad, sin intenciones ni juicios, no solo las personas lo respetarán más, sino que también estarán más abiertas a ser persuadidas.

#14: *Establecer una relación*. Por alguna razón, las personas como otros que son similares a ellos mismos. Esto afecta a cada decisión que toman, consciente y subconscientemente. Cuando se reflejan y se combinan los comportamientos de otras personas, incluyendo patrones de habla, lenguaje corporal, cadencia del habla, etc., es fácil crear una relación con los demás para que se sientan más cómodos a su alrededor, y por lo tanto más abiertos a sus sugerencias.

#15: *Sea flexible en su comportamiento*. A menudo, la persona que tiene el control de la situación o la interacción es la que es más flexible, no la que tiene más poder. Muchos niños son extremadamente persuasivos porque están dispuestos a recorrer toda la gama de comportamientos que necesitan para obtener lo que quieren. Serán encantadores, harán pucheros, regatearán, llorarán, rogarán, lo que sea que tengan que hacer. Mientras que, como padre, todo lo que puede hacer es decir "no". Debería tener una colección de comportamientos a los que pueda recurrir. De esa manera, será mucho más persuasivo.

#16: *Vuélvase un maestro de la transferencia de energía*. Hay personas con las que pasa el tiempo que le dejan completamente agotado. En cambio, otros le llenan de energía. Las personas que son más persuasivas son maestros en infundir energía a otros. Ellos transfieren su energía a otros para encenderlos y hacer que se sientan motivados. Lo hacen usando el tacto físico, el contacto visual, la risa, la excitación en su discurso, o simplemente escuchando activamente.

#17: *Sea claro en su comunicación*. Debe explicar sus ideas y punto de vista para que hasta un niño pueda entenderlo. Si no puede, es demasiado complicado. Si va a ser persuasivo, tiene que mantener las cosas tan simples como sea posible y asegurarse de comunicar el significado central de cualquier idea que esté tratando de transmitir.

#18: *La preparación le da mucha ventaja*. Debe asegurarse de que está bien consciente de con quién está tratando y de las circunstancias. Cuando usted hace todo lo posible para estar listo, persuadirá eficazmente a los demás. Por ejemplo, si aprende todo lo que pueda sobre un posible empleador y sus servicios, productos y antecedentes, lo más probable es que esté más que preparado para una entrevista, y lo más probable es que consiga el trabajo.

#19: *Estar desapegado y tranquilo en el conflicto.* Cuando los ánimos están volando a su alrededor, ayuda a mantener la cabeza nivelada. Cuando usted es el que permanece en la inclinación, también será el que tiene el control. Debe aprender a mantener la calma, permanecer tranquilo y distante, y olvidar sus emociones por el momento. Cuando hay un conflicto, es a usted a quien recurrirán. Es en quien las personas confiarán, y estará allí para llevarlos a donde necesiten ir.

#20: *Sea deliberado en su ira.* Es raro que una persona esté en paz con un conflicto. Si quiere aumentar el nivel de conflicto y tensión en una situación, la mayoría de los demás quieren lo contrario y prefieren echarse atrás. Puede utilizar esto a su favor, pero hágalo con moderación. Lo que sea que haga, no lo haga por falta de autocontrol o por una posición emocional. Solo tenga en cuenta que puede utilizar la ira como una herramienta para hacer que las personas estén de acuerdo con su visión.

#21: *Estar seguro y confiado.* No hay nada tan atractivo como estar seguro de quién es y de sus decisiones. Cuando está seguro de sí mismo, otras personas lo encuentran embriagador y convincente. Estarán más que dispuestos a hacer lo que les pida. Si realmente cree en lo que hace, le llevará poco o nada conseguir que otros hagan lo que les sirva a ellos, mientras que usted obtiene lo que quiere de ellos también.

Persuasión vs. Manipulación

Todos los días, la gente persuade a otras personas. Cada vez, es porque tienen un interés personal en conseguir que ellos hagan lo que les gustaría que hicieran. No hay nada malo con la persuasión; es una parte natural de la interacción humana. Puede pensar en ello desde un punto de vista altruista, como si quisiera ver un mundo mejor, y así persuadir a las personas para que actúen mejor o tengan mejores creencias que fomenten ese tipo de mundo.

Puede ser que solo trate de hacer algo de dinero. No hay nada inmoral en hacer dinero. Dicho esto, las personas a las que trata de persuadir para que le compren están buscando razones para aferrarse a su dinero. Debe hacerles saber por qué deberían aceptar separarse de su dinero y qué ganarán si lo entregan.

La manipulación es usar métodos engañosos, injustos y artísticos para influenciar a otros para servir a sus objetivos egoístas. La cuestión sobre la manipulación es que nunca lleva a un escenario en el que todos ganan. El manipulador solo está buscando su propio beneficio. Esta es la diferencia clave entre la persuasión y la manipulación. La primera busca el beneficio mutuo o el beneficio de los demás; la segunda busca la ganancia egoísta.

Si alguna vez se encuentra preguntándose qué está haciendo, persuadiendo a alguien o manipulándolo, solo tiene que preguntarse: "¿Qué gana la otra persona?". Si no puede honestamente pensar en algo que los beneficie, pero no tiene problemas en pensar en todas las formas en que influir en ellos lo beneficiaría a usted, está siendo manipulador.

La manipulación puede funcionar mientras tanto, pero siempre deja una estela de insatisfacción. Las personas tarde o temprano se cansan de las payasadas del maquiavélico, y su clamor y rabia se vuelven demasiado intensos para dejarlos pasar por alto. Así que, al final, es mucho mejor persuadir a las personas. Es mejor dejar que tengan sus propias razones para unirse a su causa, ya que estas razones son genuinas, y las personas están intrínsecamente motivadas. El problema con la motivación extrínseca es que es bastante fácil de dejarla caer, especialmente cuando se dan cuenta de que es un manipulador que nunca cumple sus promesas. A diferencia de usted, un maquiavélico no tiene intenciones nobles. No se limitan a persuadir, sino que manipulan. Nunca tendrá que preocuparse de sí está haciendo lo correcto o no por otras personas, siempre y cuando se esfuerce por buscar escenarios en los que todos ganen y sean felices. Busque el bien mayor para todos los involucrados, y paradójicamente obtendrá todo el apoyo que necesita de todos los que le conocen para lograr sus elevados ideales.

Capítulo 9: Engaño no verbal

Para hablar de engaños no verbales, debe entrar en la comunicación no verbal. Hay otras maneras de comunicarse con las personas además de hablar, y todos estos métodos conforman la comunicación no verbal. La comunicación no verbal es tan importante como las cosas que las personas dicen, ya que le da mucho más contexto y riqueza de significado a todo lo que dicen o escuchan. El problema es que, en estos tiempos, las personas están tan acostumbradas a hacer muchos negocios por teléfono o a utilizar tanto el correo electrónico que un buen número de personas están comenzando a perder el contacto con los matices que forman parte de las conversaciones cara a cara. Es importante comprobar esto porque, al final, nada es mejor que una conexión en vivo con otras personas.

Albert Mehrabian, un psicólogo y también el autor del libro más vendido *"Mensajes silenciosos": Comunicación Implícita de Emociones y Actitudes*, ha realizado una investigación sobre el tema de la comunicación no verbal y descubrió que con todos los mensajes, solo alrededor del siete por ciento del significado se transmite a través de las palabras, mientras que el 93 por ciento restante se transmite a través de la comunicación silenciosa y no verbal, y la mayoría de las veces, la comunicación no verbal dice mucho más de lo que las palabras podrían decir.

Formas en que las personas se comunican de manera no verbal

Expresión facial: Esto es muy común y revelador. Mírese en un espejo. La cara que le mira fijamente puede hacer más de 10.000 expresiones diferentes, cada una de ellas dando tonos de significado e información fácilmente. Fruncir el ceño, sonreír, parpadear y poner los ojos en blanco son expresiones que se relacionan y son fuertes. Aletear la nariz o mover las cejas son expresiones que también transmiten significado sin esfuerzo. Si quiere conectar con alguien que no conoce, todo lo que tiene que hacer es sonreírle. Cuando lo hace, le da la bienvenida, le pone un marco cálido, y hace que la otra persona quiera pasar tiempo con usted.

Movimiento corporal (también llamado cinética): El movimiento corporal incluye gestos con las manos y asentimientos con la cabeza. Con su cuerpo, puede hacer saber a las personas que está emocionado por algo. Piense en la mujer o el hombre a quien le encanta hacer gestos salvajes con las manos. También hay otros aspectos de la cinética, como las cosas que las personas asocian con la ansiedad: aclarar la garganta, temblar o sacudir la pierna. Cuando está en una reunión, quiere asegurarse de que sus manos están en la mesa o se agarran suavemente. No siga tocándose la cara, ni tamborileando en la mesa o en el muslo, porque estas cosas no solo distraen, sino que pueden comunicar que no está prestando atención.

Postura: La postura es la forma en que sostiene su cuerpo, que a menudo causa una fuerte y duradera impresión en las personas. La forma en que se sienta o se pone de pie es crítica cuando se trata de cómo las personas lo perciben. Si se pone de pie con la espalda recta y la cabeza en alto, dice que es fuerte, seguro, y grita seguridad en volúmenes. Si se encorva o mira al suelo, dice que es débil, incierto, y tal vez indiferente. Si quiere mostrar a las personas que es amigable, mantenga su postura abierta. Quiere pararse con ambas piernas separadas a la anchura de la cadera, manteniendo el torso abierto en lugar de cubrirlo cruzando los brazos. La cabeza debe mantenerse en alto, y la cara debe estar relajada. Cuando cruza los brazos en una postura cerrada, le está diciendo a las personas que no quiere que se le acerquen o, en el mejor de los casos, que se aburran y, en el peor, que sean hostiles.

Contacto visual: Sería difícil encontrar una mejor manera de establecer una relación con los extraños que manteniendo el contacto visual. Cuando mantiene contacto visual, significa que está prestando atención. Está interesado e involucrado. Si usted no mantiene contacto visual, podría ser interpretado como que es grosero, desinteresado o distraído. Mantener el contacto visual no significa que debe mirar fijamente a su cara, eso es en realidad una táctica de intimidación. Quiere mirar de forma aleatoria alrededor de sus ojos, incluyendo las cejas y los párpados.

Paralenguaje: Esto involucra las partes de la comunicación verbal que no tienen nada que ver con las palabras y afectan el significado de las palabras que se dicen. Si alguna vez ha tenido que decirle a un adolescente petulante, "No utilice ese tono conmigo", sabe exactamente a qué se refiere, cosas como el sarcasmo, donde el tono de su voz no coincide con lo que está diciendo. Por ejemplo, alguien que dice "Qué emocionante" en un tono de voz menos que emocionante, claramente no está emocionado, y eso lo dedujo de su tono, no de las palabras en sí. O si alguien hace una presentación y todo el tiempo murmura tan rápido como puede, podría hacerle saber que no es sincero o que solo está nervioso. En ese sentido, tenga en cuenta la rapidez con la que habla. Asegúrese de hablar alto y claro para que todos puedan oírle. Esto no significa que debe hablar muy alto, porque no solo parece beligerante y grosero, sino que también es desagradable.

Proxémicas: La proxémica se refiere a lo cerca o lejos que está alguien cuando habla con él. Puede que haya escuchado el término "hablador cercano". En su mayoría, las personas son muy conscientes y protectoras de su espacio privado y personal, también llamado "espacio íntimo" por Mehrabian. Este espacio es típicamente de 15 a 20 centímetros. Esta zona es solo para los amigos cercanos, la familia y las parejas románticas. Cuando se habla de negocios en el trabajo, a menudo se está mucho más lejos de las otras personas, lo suficientemente lejos como para que todos se sientan cómodos, pero no demasiado lejos como para parecer desinteresados o como si se estuviera distanciando deliberadamente.

Cambios fisiológicos: Las emociones están estrechamente vinculadas a la comunicación no verbal. Encontrará que tiene la mayoría de las respuestas fisiológicas cuando se siente incómodo o ansioso. El sonrojo, la ruborización, el sudor, la comezón en las axilas y las lágrimas en los ojos hacen evidente que no se siente tan bien en este momento. Cuando note que alguien con quien está hablando no se siente bien o está nervioso, debe hacer lo que pueda para que se sienta a gusto. A menudo se puede saber, por el tono de su voz y por la palidez de sus palmas de las manos al sacudirlas, si están nerviosas o no.

Engaño no verbal

Debido a que el maquiavélico es muy consciente de que su lenguaje corporal puede delatarlos, tienen cuidado de actuar de manera congruente con las mentiras que le están haciendo girar. La forma en que el cuerpo responde a las grandes mentiras depende a menudo del miedo del mentiroso a que sean descubiertas o a que algo las delate, y tendrá que enfrentarse a consecuencias importantes. Las investigaciones han demostrado que las expectativas que rodean la forma en que un mentiroso actúa cuando está mintiendo son erróneas, ya sea que esas expectativas sean del lego o de los interrogadores profesionales. No puede ver a alguien sudando la gota gorda y asumir que está diciendo una mentira. Tal vez hace calor, o realmente necesitan ir al baño.

Cuando algunas personas mienten, les miran a los ojos. Otros no lo hacen. Algunos parecerán congelados, y otros se moverán como un orador motivacional. Podrían mirar de una manera cuando están tratando de aplicarle una mentira y mirar de la misma manera cuando no lo hacen. Pueden establecer deliberadamente sus señales no verbales para parecer honestos.

El hecho es que puede ser capaz de ver el comportamiento no verbal, pero solo puede adivinar lo que significa cada comportamiento o lo que lo está causando. El hecho de que alguien esté nervioso durante una entrevista no significa que la entrevista sea el problema. Tampoco significa que esté mintiendo, tal vez sea su primera entrevista. La forma de observar el comportamiento no verbal y el engaño es ver el comportamiento más como una alerta o una causa de preocupación, o una pista de que tal vez quiera hacer más preguntas para medir la causa real del problema.

Las señales de engaño no verbales

Aunque no se puede ni se debe hacer suposiciones sobre si alguien está mintiendo basándose solo en estas indicaciones, se debe saber qué hay que tener en cuenta para presionar más el asunto en cuestión y llegar a la verdad.

Los gestos pueden hacerle saber cuándo le están mintiendo. Los estudios muestran que los mentirosos a menudo miran hacia abajo y mueven sus cabezas y manos de una manera más rápida o más lenta de lo habitual. Una vez más, nunca debería usar pistas no verbales para detectar el engaño. Lo que quiere hacer es usarlas para detectar el estrés, lo que puede ayudarle a hacer las preguntas correctas a la persona en cuestión.

Las señales antigravitatorias son algo que el mentiroso también dará. Según Joe Navarro, un agente especial del FBI, el mentiroso a menudo utiliza gestos que desafían la gravedad, como levantarse en punta de pie cuando está de pie, a menudo al final de la frase, para aclarar su punto. O levantan los dedos de los pies cuando están sentados. Otra cosa que hacen es levantar las cejas, lo que significa que confían en las palabras que están hilando.

El gesto de la palma hacia arriba a menudo da una pista sobre el engaño. Muestra la incapacidad o la impotencia. El gesto de encogimiento de la mano también se muestra como una especie de desliz no verbal, haciéndole saber que puede no ser tan honesto como parece.

También está el autotoque, donde el presunto mentiroso se pondrá la mano en la cara subconscientemente para cubrir su vergüenza por ser engañoso. Pueden hacerlo cubriéndose los ojos o tocándose la frente, todo mientras miran hacia abajo.

Cuando se trata de engaño no verbal, ciertos cambios ocurren en seis categorías de comportamiento:

1. Cambios que muestran la ansiedad subyacente.

2. Cambios que muestran el síndrome de abstinencia.

3. Actitudes y manifestaciones excesivas que no coinciden con la respuesta habitual del mentiroso cuando es honesto.

4. Cambios que muestran que hay un efecto negativo encubierto.

5. Cambios que muestran incertidumbre y vaguedad.

6. Cambios que muestran mensajes mixtos o respuestas incongruentes.

El poder de las señales no verbales

Las señales no verbales son mucho más poderosas que las palabras o las acciones. A los pocos momentos de conocer a alguien, se habrán formado una impresión de su persona, aunque realmente no tengan ni idea de quién se trata. Habrán tenido en cuenta su forma de vestir, su comportamiento y cómo habla su cuerpo. Es la forma en que se desarrolla la interacción humana.

Si quiere asegurarse de que casi nunca es víctima de un engaño, debe convertirse en un estudioso de la comunicación no verbal humana. La razón es simple: Su cuerpo y sus gestos a menudo revelan mucho más que sus palabras. Lo mismo es cierto para un maquiavélico, y saber esto puede ayudarle a estar un paso por delante del juego.

La comunicación no verbal es una gran manera de detectar la falta de congruencia entre lo que alguien le dice y lo que realmente piensa o siente. La capacidad de leer a las personas hábilmente también le evitará situaciones embarazosas y pérdidas. Cuando algo no se siente bien, a menudo es difícil para la mayoría de las personas ocultarlo a los demás, especialmente si están cerca de usted. Cuando lo intentan, lo que sucede con más frecuencia es un conflicto inevitable y un malentendido. La comunicación no verbal es vital porque a menudo se hace de forma inconsciente, lo que significa que está fuera del control del engañador. Por lo tanto, las señales no verbales son una gran manera de determinar que un asunto no está siendo manejado o revelado tan completamente como debería ser.

Las señales no verbales también son importantes en la terapia, ya que pueden proporcionar al terapeuta una visión de sus pacientes. Si el terapeuta o consejero conoce bien las señales no verbales de su paciente y puede sopesarlas con las palabras que dice, puede decidir si hay o no una coincidencia entre ellas. Es seguro decir que el terapeuta, la mayoría de las veces, aprenderá mucho más de lo que no se dice que de lo que se dice, y armado con esta información, encontrará los problemas más profundos que aquejan a sus pacientes, que tal vez ni siquiera sean conscientes de ellos.

De hecho, existe la experiencia somática, que es un tipo de terapia que es especialmente útil para tratar a las personas que se enfrentan a un trauma. Considera las respuestas físicas y el lenguaje corporal de la persona que se somete a tratamiento, a medida que el consejero o terapeuta le presenta la causa de su trauma en pequeñas dosis seguras. Luego el terapeuta descifra las claves no verbales para evaluar en qué punto se encuentra el paciente en cuanto a la recuperación.

Las señales no verbales son más significativas en la psicoterapia cuerpo-mente, donde se miden los sonidos, la respiración y los movimientos del cuerpo del paciente. Esto es así para que el terapeuta pueda identificar fácilmente las conductas del paciente que son contraproducentes y luego ayudarles a desarrollar nuevos y mejores hábitos para reemplazar las viejas conductas. Si quiere mejorar la lectura de las señales no verbales, debe observar a las personas a su alrededor. Compare y contraste sus reacciones y comportamientos cuando le hablen en ciertos momentos sobre temas específicos con otros momentos y otros temas. Con los ojos abiertos, podrá ver lo que realmente está pasando.

Capítulo 10: ¿Quién utiliza estas tácticas?

¿Manipulación o engaño?

Digamos que es un vendedor. Se le asigna un trabajo: Conseguir que el prospecto intercambie su dinero por lo que usted está vendiendo. Eso es algo difícil de hacer, ya que la mayoría de las personas siempre están buscando buenas razones para no comprar. Para deshacerse del deseo natural de decir "no", tendrá que recurrir a ciertas tácticas como vendedor o comercializador.

- Puede poner un cartel que diga: "¡50% de descuento!"
- "¡Venta de 2 días!"
- "¡Solo quedan 7 unidades más!"

Cuando utiliza carteles como este, su prospecto pasa de argumentar en contra de comprarlo a pensar que es un negocio tan grande que tendrían que ser estúpidos para dejarlo pasar. Estas tácticas de urgencia, escasez y exclusividad funcionan muy bien cuando se aprovecha el cerebro de lagarto del comprador y se consigue que realmente hagan algo al respecto. Estas tácticas son palancas de persuasión, y muchas personas se sienten incómodas al pensar en usarlas porque las consideran manipuladoras. Tienen un punto; es manipulador. Hacer que las personas pasen sus tarjetas es calculador, pero definitivamente no es lo mismo que el engaño. Por lo tanto, si trabaja en ventas, o alguna vez se ha encontrado en una situación en la que ha tenido que usar estas tácticas, y se siente asqueroso al respecto, es probablemente porque está asumiendo que la manipulación y el engaño son las mismas cosas.

La manipulación es genial cuando quiere que las personas tomen medidas. Es usar una hábil persuasión para conseguir que alguien actúe en relación con sus intereses. De nuevo, solo puede persuadir a las personas que están interesadas en lo que está ofreciendo, y como todo el mundo solo se preocupa por sí mismo, probablemente están interesados porque saben que lo que está ofreciendo podría ser bueno para ellos. Todo lo que está haciendo es hacerles saber por qué no deberían simplemente conseguirlo, sino conseguirlo ahora mismo.

Dicho esto, a algunos vendedores no les importa hacer afirmaciones sin fundamento si eso significa que les traerá ventas.

Personas que utilizan las tácticas engañosas

Hay ciertas industrias donde los mentirosos prosperan. Ya se ha hablado de los vendedores, así que ¿quién más es sospechoso cuando se trata de engaño?

Los congresistas no son considerados las personas más honestas debido a sus trucos y tratos. No es sorprendente que esta sea la percepción general de las personas en la política en su conjunto.

Los cabilderos, por razones obvias, no son muy honestos. Puede esperar que un buen número de ellos tengan rasgos maquiavélicos, si no son completamente maquiavélicos, ya que tienen que hacer lo que deben para que las personas se abran camino.

Los vendedores de autos generalmente no son de confianza porque las personas tienden a menudo a obtener el extremo corto del palo cuando tratan con ellos. De hecho, según una encuesta de Gallup, solo el siete por ciento de los estadounidenses piensa que se puede confiar en los vendedores de autos.

Los vendedores telefónicos no tienen muchos admiradores. En el mejor de los casos, las personas los consideran una molestia; en el peor, tienen una propensión a mezclar cifras, contar cuentos y decir lo que sea necesario para que renuncie a los datos de su tarjeta de crédito.

A los corredores de bolsa les queda un largo camino por recorrer antes de poder ser considerados honestos, sobre todo porque en la industria suelen abundar las prácticas poco éticas, como el uso de información privilegiada y cosas de esa naturaleza. Es una industria bastante despiadada que a menudo solo atrae a personas que pueden manejar una gran cantidad de presión.

Los ejecutivos de negocios no son totalmente confiables. Hay demasiadas historias de directores generales que son innegablemente brillantes, pero que recurren a las tácticas más solapadas para hacer que su personal se adapte, mejore sus resultados y elimine a la competencia.

Los líderes de los sindicatos no son particularmente los favoritos de nadie, porque de nuevo, hay mucha manipulación y tratos que deben ser hechos, y la tentación de cortar esquinas o hacer algo distinto a lo prometido sigue siendo muy alta.

Los abogados a menudo pueden desviarse fácilmente hacia el engaño. Ya sea de manera altruista como queriendo ayudar a sus clientes inocentes o más bien por una necesidad personal de ganar, muchos casos tienen abogados que cruzan líneas que no deberían para obtener sus victorias.

Los agentes inmobiliarios son bastante sospechosos a veces, presentando una bonita imagen solo para que el nuevo propietario aprenda muchas cosas terribles después de comprar o pagar el alquiler.

Esto no implica que todos en las industrias mencionadas anteriormente sean un engañador o un maquiavélico, o algo así. Solo significa que estas profesiones funcionarían bien para un mentiroso y lo más probable es que haya un número significativo de personas para las que mentir es tan natural como respirar.

Política y manipulación

Ahora verán las tácticas que los políticos utilizan para que las personas voten por ellos y apoyen sus políticas, incluso cuando en realidad no servirían a nadie más que a ellos mismos.

Apelando a su orgullo nacional: Una de las formas en que los políticos pueden poner a las personas de su lado es apelando a su orgullo nacional. El poder de un político depende de su habilidad para hacer que el pueblo acepte de buena gana su legitimidad, autoridad y derecho a hacer que paguen impuestos. Además, si un político puede seguir haciendo que el pueblo respalde al gobierno y al país solo porque todos pertenecen al mismo pedazo de tierra y reconocen cierta bandera como suya, puede seguir creciendo en poder e influencia.

El problema es que no es racional apoyar desinteresadamente a un grupo en lo que respecta al votante medio. Por esta razón, el político hablará de ideales elevados, causas dignas y valores más altos. Hablarán de "el gran rojo, blanco y azul" y de servir al país. No es una coincidencia que los políticos se centren en ideales tan efímeros y vagos.

Aunque una táctica persuasiva sería hacer que el pueblo vea "Lo que hay para mí", esto no funciona bien en la política, ya que lo que funciona aún mejor que el intercambio social es una apelación a la identidad. Piénselo: Si el pueblo pensara largo y tendido sobre lo que hay para ellos si votan a alguien o los apoyan, se darían cuenta de que la respuesta a esa pregunta es "Nada".

Esculpiendo sus votantes: Otra cosa que los políticos hacen es esculpir cuidadosamente a sus votantes. Como Robert Cialdini escribió una vez, "Nos gusta la gente que es como nosotros", y como tal, es importante para el político parecer que representan a los ciudadanos de muchas maneras. En otras palabras, el político tiene que parecer el prototipo del pueblo. Piense en George Bush, con sus Bushismos, sus errores de discurso, su aparente desdén por los peces gordos de DC y su amor por el filete y la cerveza. Salió como el votante promedio, y eso fue una jugada genial de su parte, sin importar si la gente sacó algo bueno de su administración o no. Se podría argumentar que Bush era el perfecto maquiavélico en el sentido de que presentaba su debilidad como su cualidad más representativa, lo que automáticamente significaba que no podía ser atacado por ello. Incluso cuando los enemigos atacaban esta aparente debilidad, todo lo que hacía era hacerlo más fuerte.

Creando un sentido de comunidad: Los políticos también saben la importancia de crear una comunidad, un montón de "nosotros", sin "yo" en la existencia. Así es como pueden conseguir que la población deje de pensar en sí misma y piense más en los intereses del gobierno. El objetivo es conseguir que la gente sea menos egoísta y esté más centrada en el "colectivo", excepto que el colectivo es el político y sus ideales.

Lanzando a las masas un hueso: Cuanto más alto se sube en la política, más se arriesga a perder el contacto con las bases. Sin embargo, también es cierto que cuanto más alto ascienda, más influencia tendrá cuando se haga accesible al electorado. La razón de esto es simple: Si usted, tan poderoso como es, puede bajar a su nivel y ser accesible, eso hará que el público lo vea como alguien muy magnánimo. En otras palabras, los mejores políticos saben lo importante que es lanzar a las masas un hueso.

Para entender este fenómeno, solo hay que saber que los votantes prefieren tener un líder como ellos y cercano a ellos. Si un líder parece demasiado distante o demasiado alto como un rey, es más probable que sus seguidores no se pongan voluntariamente en la línea por ellos o sus causas. Un político sabe la importancia de parecer que no solo están en esto por el pueblo, sino que están a su lado. Parecer que son grandes amigos del ciudadano medio les hace naturalmente queridos por todos.

Creando sus enemigos: El maquiavélico sabe que no debe crear enemigos. En su lugar, crean adversarios. Pueden usar al enemigo como un peón para sus luchas internas de poder. Trabajan con la mentalidad de que el enemigo de su enemigo es su amigo.

También pueden entablar una amistad intocable con un enemigo mucho más fuerte, lo que permite que la opresión continúe sin fin, como cuando China defiende a los dictadores norcoreanos. Un político también sabe que cuando tienen un enemigo, pueden utilizarlo para generar un apoyo masivo y pisotear toda la oposición.

La razón por la que esto funciona es brillante y a la vez simple. Como humanos, las personas han evolucionado para dejar de lado sus diferencias y unirse cuando se enfrentan a enemigos mutuos. Esta unidad se forma con el político justo en el centro del poder de todos, por supuesto. Por eso es difícil encontrar un buen político que no tenga enemigos.

Siendo injusto con los valores atípicos: El político no es justo. Es lo que es. Incluso los grandes líderes nunca son justos. Claro que serán justos con quienes los apoyan, pero definitivamente no se molestarán en ser justos con quienes no lo hacen, y así es como continúan fortaleciendo su liderazgo.

Todos los políticos entienden que el electorado que representan esperará algunas políticas favorables. Todo el mundo sabe que esto es así a menudo. Incluso los árbitros juzgan con mucha más indulgencia cuando su equipo local comete la infracción. Algunos políticos llegarán a complacer solo los intereses de sus grupos, hasta el punto de que otros empiecen a sufrir para poder obtener más apoyo de esos grupos.

Encarnando el país: El político inteligente y persuasivo convencerá a los votantes de que ellos y solo ellos son la encarnación de la nación y todos sus valores. Cuando un político se presenta de esta manera, automáticamente pasa de ser solo de carne y hueso a convertirse en un verdadero espejo de la nación, uno que es "desinteresado". Cuando las personas comienzan a poner fotos de políticos en sus casas, es una señal segura de que esos políticos han tenido éxito.

Por un momento, recuerden a Ronald Reagan y su administración, donde fue presentado como la encarnación de todas las cosas americanas. El Asistente del Jefe de Gabinete de la Casa Blanca en ese momento, Richard G. Darman, en realidad escribió esto al comienzo de la campaña de Ron: "Pinta a RR como la personificación de todo lo que está bien o es heroico para América. Deja a Mondale en una posición donde un ataque a Reagan equivale a un ataque a la imagen idealizada de América de sí misma donde un voto en contra de Reagan es en algún sentido subliminal, un voto en contra de la mítica 'AMÉRICA'".

Reagan terminó convirtiéndose en la encarnación viva de los valores del capitalismo y la libertad, al igual que América, y esto inició un ciclo que se impulsó por sí mismo. Por supuesto, también ayudó que Reagan fuera un enemigo natural de la URSS. En lo que respecta al público americano, no fue el presidente de los EE. UU. el que se enfrentó al presidente de la URSS. Para ellos, era la encarnación viva del capitalismo y la libertad enfrentándose a los comunistas. En otras palabras, era mucho más grande en las mentes del público americano de lo que realmente era, y esto cimentó aún más la idea de que Reagan era un hombre del pueblo, por el pueblo, para el pueblo.

La estafa del "Gran Líder": Cuando el pueblo llama a un político en lugar de que el político tenga que empujarse a sí mismo hacia el pueblo, tienen la mejor situación de la historia. Es increíble para ellos cuando el pueblo cree que ellos y solo ellos pueden hacer el trabajo, sea lo que sea. De hecho, aquí está el cóctel perfecto para el poder político: Tener un enemigo, una guerra que librar, y ser la imagen perfecta de un líder decidido y duro que no se deja engañar. Sería difícil evitar que la gente votara por un líder así en masa.

Esto funciona porque las multitudes a menudo van al líder con más carisma para que les someta su voluntad. Esto es especialmente el caso cuando el país está pasando por un momento difícil con crisis tras crisis. Así que, por esta razón, el líder dominante continuará promoviendo modelos de liderazgo que son individualistas diciendo o insinuando cosas como que el país necesita líderes fuertes, como ellos mismos. También influirán en el electorado sobre los problemas e incertidumbres en el país: "¡Deja que el pueblo declare su elección!".

Pretendiendo no estar interesado en el poder: Si un político parece que no está interesado en el poder y está en él por el pueblo, obtendrá todo el apoyo que necesita. Así, el político seguirá y seguirá hablando sobre cómo se comprometen a hacer cambios beneficiosos para sus electores sin mencionar sus motivos reales.

El pueblo prefiere a los líderes que ignoran los beneficios de ser líderes que a los que solo están en esto por ellos mismos. El político sabe que tiene que ser partidario de causas importantes como las reformas. Hablarán de la necesidad de cambio o de luchar contra este enemigo u otro. Inevitablemente, esto obtiene el apoyo de las bases.

Ahora eche un vistazo a Roosevelt, el único presidente que se presentó a un tercer mandato, y luego a un cuarto. Dicho esto, al final del segundo, las cosas no parecían tan claras. Si estuviera seguro de lo que pretendía hacer, habría tenido que enfrentarse a muchos problemas y se le habría acusado de ser un autócrata.

Roosevelt dijo que quería un tercer mandato. Sin embargo, nunca dijo de plano que tampoco lo quería, ya que eso le hubiera dificultado cambiar de opinión. En cambio, trabajó en un segundo plano para que todos los demás candidatos que importaban no parecieran particularmente fuertes. Roosevelt era un hábil político y manipulador. Se moldeó a sí mismo como el "gran líder" dejando claro que no había otro o mejor candidato que pudiera hacer el trabajo de liderar América. Con la guerra en curso, deliberadamente usó a los enemigos externos como palanca. Además, actuó como si solo estuviera sirviendo por un sentido del deber y no porque quisiera el poder.

Esta sección no está destinada a golpear la política. Solo dice que este campo es muy atractivo para la gente hambrienta de poder. Es atractivo para personas como los maquiavélicos. Al final, todos ellos son solo personas, en su mayoría. No malinterprete esto como un argumento para que las personas eliminen la política por completo. Sin ella, las sociedades probablemente estarían peor.

El punto aquí es ayudarle a ver cómo las tácticas manipuladoras, persuasivas y engañosas se utilizan en la política. Cuando usted sabe cómo funciona el juego, puede tomar un papel activo y más informado en el gobierno de su nación también. La política nunca debe estar a la altura de los políticos solos. Todos están juntos en esto. Por lo tanto, debería saber cómo funciona todo para jugar el sistema para el bien común o saber cuándo un político está engañando a toda la nación.

Capítulo 11: Aprendiendo a detectar el engaño

El lenguaje corporal es importante en la vida. Si nota que el lenguaje corporal y las palabras de la persona con la que está tratando no coinciden del todo, hay problemas. Claro, algunas pistas indican la posibilidad de que alguien esté diciendo una mentira descarada, o que le estén ocultando la verdad.

Cuando se trata de la comunicación, muchas cosas van más allá de hablar, escuchar y entender. Algunas mentiras se dicen solo por cortesía. Digamos que alguien le pregunta cómo está. Probablemente no querrá contarles cómo le dejó su amante y que le duele mucho la cadera izquierda por alguna razón. No tendría problemas por decir estas mentiras. Solo dese cuenta de que son mentiras que las personas tienden a decir todos los días.

Mentir es increíblemente común y a veces esperado. Incluso hay estrategias legales que permiten la "negación plausible". Por lo tanto, es útil saber cómo detectar el engaño para que cuando esté en una situación en la que nada menos que la verdad no serviría, pueda asegurarse de llegar al fondo del asunto.

Las formas correctas e incorrectas de detectar el engaño

Centrarse en el movimiento de los ojos o el lenguaje corporal no es suficiente. Muchos estudios han demostrado que tratar de leer una mentira utilizando el lenguaje corporal o el movimiento de los ojos no es eficaz, ni siquiera para los interrogadores profesionales y las fuerzas del orden.

La investigación sobre el engaño ha sido decepcionante en su mayor parte. Mucho de ello implicó tratar de medir la intención del mentiroso mirando su lenguaje corporal o expresiones faciales como ojos saltones, mejillas sonrojadas y risa nerviosa. Recuerden a Bill Clinton cuando se tocó la nariz y afirmó no haber tenido una aventura con Mónica Lewinsky. Todos asumieron que eso significaba que estaba mintiendo. Lo que pasa con la mentira es que a menudo genera sentimientos de culpa muy intensos, nervios y a veces excitación ante la perspectiva de salirse con la suya. Estas emociones son difíciles de controlar, así que incluso cuando piensa que tiene una cara de póquer, todavía tiene algunas "indicaciones" que lo delatan. Estos indicios se llaman micro expresiones.

El problema es que cuanto más se adentran los psicólogos en el asunto, más difícil les resulta comprender cualquier pista que sea lo suficientemente fiable como para hacerte saber cuándo alguien está mintiendo. Lo que pasa con el comportamiento humano es que hay mucha variedad en él. Con el tiempo suficiente, y después de familiarizarse mucho con alguien, puede que sea capaz de saber cuáles son sus tics cuando son honestos y cuando son sospechosos. Sin embargo, no puede aplicar lo que aprende sobre cómo actúan en ambas situaciones a otras personas, ya que difiere de una persona a otra. En otras palabras, el lenguaje corporal no tiene un diccionario al que pueda acudir de manera confiable cuando esté confundido sobre lo que el cuerpo de alguien está diciendo. No hay señales que siempre aparecen cuando se trata de un engaño. Para algunas personas, se ríen cuando mienten. Otros se ponen mucho más serios. Algunos hacen un fuerte contacto visual, y otros lo evitan por completo. No hay ninguna señal a la que puedas recurrir y decir, "¡Ajá! Ahí está la señal de que me están mintiendo". Incluso la teoría de que la mente subconsciente puede saber cuándo alguien está mintiendo o percibiendo estas señales se ha probado que es falsa.

A pesar de esto, todavía debe aprender cuando se le están engañando, y casi parece que todo lo que tiene son estas señales, casi tan míticas como un unicornio. Por lo tanto, necesita una manera de averiguar cómo descubrir cuando está siendo engañado. ¿Qué es lo que hace? Concentrarse en las palabras del mentiroso. Es mejor ignorar todas las sutiles señales y manierismos que las personas dan cuando están mintiendo y en su lugar concentrarse en sacarles la verdad suavemente haciendo preguntas hasta que su historia comience a desmoronarse. Esto es lo que necesita hacer:

1. *Haga uso de las preguntas abiertas.* Cuando hace preguntas abiertas, esto obliga al engañador a expandir su historia hasta quedar completamente atrapado en sus mentiras.

2. *Use el elemento de sorpresa a su favor.* Si quiere saber si alguien está mintiendo, tiene que darle mucho más trabajo. Esto significa hacerles preguntas que no esperan o que son un poco confusas. También puede preguntarles su versión de los hechos, pero al revés.

3. *Busque pequeños detalles que pueda verificar.* Digamos que alguien le dice que estudia en Harvard, pregúntele cómo es ir allí cada día. Si nota que han dicho algo que no es cierto, no deje que le diga que está en lo cierto. Permítales crecer en confianza, y vea cómo parlotean con más mentiras.

4. *Observe cómo cambia su confianza.* Preste atención al mentiroso y vea cómo cambia su forma de hablar cada vez que decida desafiarlo. Pueden ser muy habladores cuando sienten que son los que controlan la conversación, pero si sienten que están perdiendo el control, pueden decidir callarse y no decir más o hablar en monótono.

Quiere tener una conversación casual con ellos. No se ponga "todo interrogador" con ellos. Mantenga la presión suave, y esto será más que suficiente para que la guarida eventualmente se equivoque y muestre su mano ya sea diciendo algo que no concuerde con la historia que han dicho hasta ahora o poniéndose evasivo o respondiendo erráticamente. Recordemos que no existe tal cosa como una varita mágica cuando se trata de atrapar a los mentirosos. Se trata de tomar todas las cosas que realmente funcionan y usarlas para obtener resultados.

La información triunfa sobre una confesión

Esto es algo que siempre se usa en Gran Bretaña. Debido a la gran cantidad de confesiones falsas a mediados de los años 80, los tribunales británicos hicieron oficial que las fuerzas del orden ya no podían usar la fuerza o la agresión para obtener información de sus sospechosos. Los interrogatorios también se graban para asegurarse de que los oficiales cumplen con el nuevo método de interrogación, que consiste en tener una charla con el prisionero y comenzar a hacer preguntas de las que el interrogador ya conoce la respuesta. Esto ha ayudado a reducir drásticamente el número de confesiones falsas.

Cheryl Hiscock-Anisman, una psicóloga forense, que trabaja en la Universidad Nacional de La Jolla, California, y Kevin Colwell, un científico forense, que trabaja en la Universidad Estatal de Connecticut del Sur, New Haven, han pasado años investigando los interrogatorios. Ambos se han dado cuenta de que aquellos que inventan una historia a menudo inventan un guion fácil de recordar en el que es difícil hacer agujeros. Los que son honestos no tienen que usar un guion, ya que realmente sucedió como dicen que sucedió, y ellos estuvieron ahí. Así que los honestos cometerán errores, y no solo eso, traerán detalles que no están relacionados para apoyar su caso.

Tanto Hiscock-Anisman como Colwell han trabajado duro para hacer mucho más evidente el contraste entre los engañadores y las personas honestas. Llevando lo que han aprendido al campo, han pasado tiempo entrenando a los oficiales para buscar patrones en la enseñanza del lenguaje corporal y las señales. Mientras que el Departamento de Policía de San Diego era, al principio, escéptico sobre sus métodos, desde entonces han añadido este método a su caja de herramientas de métodos de interrogación.

Otra cosa que ayuda a decidir quién está mintiendo es hacer las preguntas más simples. Así, el entrevistador solo tiene que centrarse en las palabras y señales verbales de la persona que habla y no en las cosas no verbales. Los investigadores dicen que es mejor empezar con una pregunta no amenazante. Por ejemplo, puede preguntarles cómo fue su día. No es probable que le mientan sobre eso, a menos que hayan asesinado a alguien ese día y hayan escondido el cuerpo. La respuesta también implicará un recuerdo vívido. Junto con una respuesta honesta, eso debería darle una base para saber cómo son cuando son honestos. Sabe cuánta información y detalles suelen proporcionar cuando hablan de cosas verdaderas.

Después de establecer una línea de base de honestidad con la persona entrevistada, puede entonces pedirle que le informe sobre el asunto real en cuestión o que está siendo investigado. Cuando terminen de relatar los hechos, tiene que dar un paso atrás y comparar sus respuestas a ambas historias. ¿Ha notado que utilizan el mismo número de frases descriptivas? ¿Hubo algún recuerdo, y fue el mismo que la primera vez? Tenga en cuenta estas cosas ya que le ayudan a saber si le están mintiendo o no.

Después de esto, debe hacer una pregunta más difícil, una que a menudo delatará quién está mintiendo y quién está siendo honesto. Puede decir, "Bien, ¿puede volver a cuando todo esto sucedió y explicarme todo de nuevo, pero hágalo al revés, de acuerdo?". Lo que sucede todo el tiempo es que el mentiroso tendrá muchos problemas para responder a esa pregunta. Es un truco ingenioso para la próxima vez que su hijo adolescente mienta sobre lo que estaba haciendo tan tarde.

La ciencia ha demostrado que cuando alguien dice la verdad, le dará muchos pequeños hechos. Le darán detalles anecdóticos porque vivieron la situación como dicen que lo hicieron. De hecho, se ha demostrado que las personas honestas dan un treinta por ciento más de detalles que los mentirosos.

Verdades acerca de las mentiras

En primer lugar, el perfecto mentiroso no existe. Aunque mentir ocurre todos los días, no es algo que le resulte natural a la mayoría de las personas. A menudo habrá algún relato emocional o algo que puede y lo delatará. Otra cosa es que la mayoría de las personas apestan para entender el engaño. En otras palabras, por muy terrible que sea la mentira de la mayoría de las personas, son igual de malos detectando las mentiras.

No se puede simplemente dejar de parpadear, pero la mentira puede afectar a cuánto parpadea un mentiroso. Un artículo de investigación de 2008 de Stephen Porter y Leanne Brinke del laboratorio de Psicología Forense de la Universidad de Dalhousie mostró que las personas que mantenían sus emociones ocultas parpadeaban a un ritmo muy diferente. Si estuvieran enmascarando sus emociones, parpadearían más rápido. Si estaban neutralizando las emociones, parpadearían mucho más lentamente.

También debería saber que es mucho más difícil fingir sentimientos negativos que positivos. Este mismo artículo de 2008 mostró que es más difícil actuar triste, temeroso o disgustado que actuar feliz. Según el Dr. Mark Frank de la Universidad de Buffalo en un artículo de PopSci de 2013, es más difícil fingir emociones negativas porque cuando no se siente bien, mientras que una parte del cerebro trabaja para hacerle sentir como se siente, otra trabaja para mantener la expresión bajo control. Típicamente, no tendría este tira y afloja cuando se siente feliz.

Los mentirosos suelen usar muchas palabras diferentes a las de los que dicen la verdad. En ese estudio de 2012, se demostró que usarían muchas más palabras tentativas y hablarían mucho menos.

Una cosa interesante acerca de las mentiras es que es difícil mentirle a alguien si se siente atraído por ellos. Otro estudio llevado a cabo en 1985 por DePaulo, Stone y Lassiter, titulado *Telling Ingratiating Lies: Effects of Target Sex and Target Attractiveness on verbal and nonverbal deceptive success"* (Diciendo mentiras gratificantes: Efectos del Sexo Objetivo y del Atractivo Objetivo en el éxito del engaño verbal y no verbal), se centró en las mentiras blancas que las personas dicen para asegurarse de que todo el mundo se lleve bien. En este estudio, todos los participantes tuvieron que actuar como si estuvieran de acuerdo con otras personas en temas en los que realmente no estaban de acuerdo.

Los científicos se refirieron a estos dos engaños como:

1. Mentiras gratificantes
2. Mentiras no gratificantes, respectivamente

Los investigadores también hicieron que los sujetos dijeran tanto verdades desagradables como verdades gratificantes a lo largo del estudio. Al final, fue más fácil ver las mentiras gratificantes que las no gratificantes. Las mentiras eran aún más fáciles de detectar cuando era el sexo opuesto el que las escuchaba. Además, cuanto más atractivo era el sujeto al que se le mentía, más fácil era captar las mentiras.

Lo que es gracioso es la forma en que las mentiras fueron detectadas. Las mentiras gratificantes eran fáciles de entender usando pistas visuales como las expresiones faciales. Mientras tanto, las mentiras al sujeto menos interesante eran más fáciles de deducir usando pistas auditivas como el tono vocal. También se les pidió que actuaran como si estuvieran en desacuerdo con ellos en asuntos en los que realmente estaban de acuerdo.

La boca contra los ojos

Muchas personas, cuando están fingiendo sus sentimientos, a menudo dejan que se les escape de las manos. ¿Recuerda las micro expresiones detalladas anteriormente? Es difícil de captar, especialmente porque la boca trabaja duro y eficazmente para mantener ocultos los movimientos de los ojos.

Cuando las personas fingen sentir cosas, las microexpresiones aparecen y muestran sus sentimientos sinceros, y luego, justo después de esas microexpresiones, la boca sonríe o hace algo más para ocultar la verdad de sus emociones. La boca es tan efectiva en ocultar la verdad que a menudo será más que suficiente para ayudar a los ojos a escapar de la detección, incluso cuando el interrogador se centra solo en los ojos. Es simple: Las personas no pueden mirar a los ojos sin mirar a la boca, y viceversa. Otra nota a tener en cuenta: El tiempo es importante. Si la sonrisa sucede primero, esta no enmascarara los ojos. Si viene justo después de que los ojos emitan su microexpresión, los está enmascarando. Por eso no es tan fácil descubrir las mentiras usando solo el lenguaje corporal y la expresión facial, incluso cuando el mentiroso no es muy bueno mintiendo.

Cuando se hace trampa, es fácil olvidar la moral que se tiene para no tener que lidiar con sentimientos incómodos de disonancia cognitiva. En un estudio titulado *Dishonest Deed, Clear Conscience: When Cheating Leads to Moral Disengagement and Motivated Forgetting* (Hechos deshonestos, conciencia clara: Cuando el engaño conduce a la desconexión moral y al olvido motivado), de Shu, Gono y Bazerman, publicado en el Boletín de Personalidad y Psicología Social en 2011, los investigadores encontraron que cuando hacemos trampa o somos deshonestos, nos desconectamos de nuestra moral y nos motivamos a olvidarnos de cualquier concepto de lo correcto e incorrecto que apreciemos.

El estudio demostró que los que hicieron trampa tenían selectivamente menos retención de memoria para la información que se consideraría moralmente relevante. Otra cosa que hay que señalar es que sus recuerdos no eran diferentes de los de aquellos que eligieron no hacer trampa antes de que la tarea comenzara. La diferencia en los recuerdos apareció después. Así que, hacer trampa les hizo olvidar las reglas.

Finalmente, decir a las personas, "No seas un mentiroso" funciona mucho mejor que decirles, "No mientas". Claro, algunas personas se divierten haciendo trampa, pero la mayoría quiere hacer lo correcto al final del día. Las investigaciones muestran que, aunque a las personas no les importe mentir o hacer trampa, nadie quiere ser etiquetado como mentiroso o tramposo. Así que, la próxima vez que esté tratando con un mentiroso, puede probar la declaración "No seas un mentiroso" en ellos y ver si eso les anima a dar unos cuantos saltos más cerca de la verdad.

Capítulo 12: Volverse menos vulnerable

Este libro se envuelve con formas de mantenerse a salvo y libre de las maquinaciones de los maquiavélicos. Aprenderá cómo permanecer impermeable a sus travesuras y ser menos vulnerable que la persona promedio.

Lidiando con las negociaciones

¿Cómo se negocia cuando se le ataca durante una negociación? Ya sea que quiera llamarlo inteligencia emocional o psicología inversa, lo que va a aprender ahora mismo es algo llamado empatía táctica. Esta es el arma que utilizará para evitar los ataques maquiavélicos. Es cualquier cosa menos la norma. Es muy contra intuitivo, pero funciona. Solo necesita tener las agallas para verlo todo.

Primero, note lo contrario de lo que le molesta al negociador. Entonces, lo que necesita hacer es simplemente decir, "Parece que le gusta..." y luego terminar la frase con lo opuesto a lo que sea de lo que se estén quejando. Debe estar preparado para el espectáculo de ver un tren que se detiene por completo debido a la gran confusión que se produce en su mente. ¿Cómo exactamente se logra esto, y cuál es la razón por la que funciona?

La cosa es que, para cada uno de ellos, hay un discípulo igual. Si hay algo por lo que vienen a usted, quiere ir a por ellos por un contraste que valoran. Cuando etiqueta lo que están haciendo o diciendo, básicamente está activando su amígdala para que libere un poco de dopamina y serotonina para sentirse bien. Considere esto: Si está tratando con un propietario que no permite que las personas subarrienden sus apartamentos, significa que valoran la estabilidad más que nada. Si está tratando con un propietario que no está abierto a renegociaciones, obviamente piensan que la estabilidad es una virtud.

Muchas de las objeciones que surgen en el proceso de negociación se basan a menudo en la incertidumbre. Usted debe ser la única persona que mantenga la cabeza fría llamándolo valientemente como usted lo ve. Etiquetar el miedo preciso con el que está tratando. Si realmente quiere entrar en ello, puede etiquetarlo como positivo inverso.

Digamos que el Mach de su vecindario está atacando algo que realmente le importa o un tema candente. Supongamos que le gusta hacer ejercicio, y dice algo como: "Hacer ejercicio es increíblemente estúpido y vano. Solo intentas demostrar que está más en forma que yo haciendo este programa de entrenamiento". ¿Qué dice en respuesta? Podría decir: "Pareciera como si te gustara estar con personas que sientes que son tus iguales".

Quiere seguir con estas etiquetas con una pausa. Después de eso, guarde silencio. Permita que se hunda en su cabeza y que se abra paso a través de su cuerpo. No rompa el silencio primero.

Puede que sienta que no tiene el ingenio rápido para etiquetar algo en este momento, pero sí lo tiene. Solo necesita practicar, y entonces lo hará de forma natural. Así que, solo diga las palabras, "Suena como si te gustara..." y termine la frase. Lo que sea que haga, no se aleje de ellas. No hable. Espere. Cuanto más practique esto, mejor lo hará. Hacerlo cinco veces al día durante tres o cuatro días seguidos debería dar resultados notables. Siempre que esté negociando, tenga en cuenta que siempre quiere hacer las cosas contraintuitivas. Así es como se obtiene la ventaja. Esta técnica de etiquetado le dará mejores tratos de los que pensó que podría obtener.

La vulnerabilidad número uno: Pensar que es demasiado inteligente

Puede que piense que es demasiado inteligente para ser engañado por el maquiavélico y otras personalidades engañosas, pero lo más probable es que no lo sea, y esto no es un insulto. Debe deshacerse de esa noción porque es exactamente lo que lo hace vulnerable al engaño. En un libro titulado *El juego de la confianza*, escrito por María Konnikova, hay mucha información sobre por qué las personas se enamoran de los estafadores y sus estafas. La víctima del estafador no solo es ignorante y tonta, sino que también es gente normal que está desesperada en ese momento o demasiado emocionada para ver lo que realmente está pasando.

La mayoría de los líderes están orgullosos del hecho de que son estratégicos y lógicos. Sin embargo, Konikova advierte que el orgullo es el principio del fin. El orgullo le ciega a las artimañas del maquiavélico.

Lo gracioso de los anteriores presidentes americanos es que los mejores son humildes, mientras que los peores son ineficaces y orgullosos. Rara vez estaban abiertos a admitir que se equivocaban en algo, y era aún más difícil admitir sus errores porque tenían demasiada experiencia, suficiente para hacerles creer que estaban por encima de ser falibles. Sin embargo, los grandes presidentes eran abiertos, humildes y honestos sobre sus debilidades.

Siguiendo esta lógica, aquí hay un hecho que les sorprenderá: La única persona que puede ser estafada además de los orgullosos, emocionales o ignorantes es el propio estafador, ya que se siente intocable, inmune a ser tan estúpido como para caer en un plan como el suyo. Cuanto más asuma que es consciente, más fácil le resultará profundizar en el autoengaño, lo que le dejará abierto a ser engañado por otras personas a su alrededor.

Autoengaño, negación e inmunidad

Había una vez un estafador llamado Fred Demara. Era uno de los mejores que el mundo había visto. Se había hecho pasar por todos, desde hombres de negocios a médicos y sacerdotes. Durante la guerra de Corea, se hizo pasar por cirujano de trauma a bordo de un destructor canadiense. Era capaz de llevar a cabo cirugías usando un manual que un médico real había escrito para él.

Este mismo Frank había encargado a un escritor que le hiciera una biografía, solo para robar la identidad del escritor. Como si las cosas no fueran lo suficientemente extrañas, el biógrafo cuya identidad fue robada pasó muchos años después defendiéndolo. Las personas a las que Frank había tomado por tontos iban más allá por él, una y otra vez. La razón de esto es que no estaban dispuestos a aceptar que habían sido engañados, y Frank era muy consciente de esta tendencia y la explotó.

Piense en esto por un minuto. Estudios de la Universidad de Harvard y Startup Compass muestran que no querer dejar ir un plan de negocios hace mucho menos probable que una compañía salga a bolsa. Hay demasiados directores generales y líderes empresariales que hacen mal a sus empleados y a sus organizaciones al dar más importancia a la apariencia de un liderazgo fuerte y decidido, en lugar de estar dispuestos y ser flexibles para dar marcha atrás en su decisión o emplear una estrategia diferente que pueda ayudar a llevar su negocio a alturas revolucionarias. Los líderes que terminan siendo engañados son los primeros en engañarse a sí mismos.

Cómo no ser un idiota

El orgullo es parte del ser humano. La desventaja del orgullo es que a menudo es alabado como algo admirable, como el orgullo de su trabajo, sus habilidades, etc. Esto es inevitablemente lo que le abre a ser engañado, primero por usted mismo y luego por los demás. Entonces, las preguntas se convierten: ¿Cómo puede evitar que esto suceda? ¿O cómo puede no ser un idiota?

Debe estar de acuerdo en admitir que está/podría estar equivocado. En su autobiografía, Benjamin Franklin escribió sobre su decisión de empezar a ser franco cuando sintió que podía estar equivocado al hacer sus argumentos. Señaló que desde que eligió hacer esto y escuchar a la gente con la que no estaba de acuerdo en lugar de esperar a volver a enfatizar su percepción o punto de vista, había reducido su miedo a no estar en lo cierto. Aquí están las palabras del hombre para que pueda aprender de ellas:

"Hice una regla para soportar todas las contradicciones directas a los sentimientos de los demás y todas las afirmaciones positivas de los míos. Incluso me prohibí a mí mismo el uso de toda palabra o expresión en el lenguaje que importara una opinión fija, como 'ciertamente', 'sin duda', etc. Adopté en su lugar 'concibo', 'aprendo' o 'imagino' que una cosa es así y así; o 'así me parece en la actualidad'".

"Cuando otro afirmaba algo que yo consideraba un error, me negaba el placer de contradecirlo bruscamente, y de mostrarle inmediatamente algún absurdo en su proposición. Al responder, comencé observando que, en ciertos casos o circunstancias, su opinión sería correcta, pero en el presente caso, apareció o pareció haber alguna diferencia, etc. Pronto encontré la ventaja de este cambio en mi enfoque. Las conversaciones que mantuve se desarrollaron de forma más agradable. La modesta forma en que propuse mis opiniones les proporcionó una recepción más rápida y menos contradictoria. Me mortificaba menos cuando me encontraba en el mal, y me fue más fácil convencer a los demás de que abandonaran sus errores y se unieran a mí cuando yo tenía razón".

Puede leer la autobiografía de Benjamin Franklin para aprender más sobre la estrategia, que ayudó al hombre a ser mucho menos orgulloso o menos idiota. Así que, lo que sea que haga, siempre esté abierto a cambiar de opinión sobre las personas, situaciones o estrategias. Sea flexible, y le será más fácil darse cuenta cuando esté a punto de ser engañado. Si usted está tan desesperado por tener y mantener una buena reputación, va a ser un objetivo principal para un maquiavélico. Además, incluso después de que se hayan salido con la suya, seguirá siendo engañado, negándose a reconocer que le han tomado el pelo. No sea esa persona. No sea un idiota.

Conclusión

Por fin ha llegado al final de este libro, y lo más probable es que haya aprendido mucho sobre las mentiras, los mentirosos, los maquiavélicos y sus intrigas. Nunca más tendrá que permitirse ser víctima de este grupo de personas inescrupulosas.

Otra cosa que hay que señalar es que no basta con leer un libro y asumir que usted no necesita seguir aprendiendo sobre el proceso de engaño. La razón por la que debe continuar educándose es simple: Cada día, especialmente con la tecnología y todo tipo de innovaciones, el engaño es cada vez más fácil de conseguir, especialmente cuando se trata de los medios de comunicación y el poder político.

Debería repasar este libro de nuevo y marcar las secciones que se destacan. Practique lo que ha aprendido para que se sienta más seguro de enfrentarse a las personas que le engañan, o mejor aún, espere el momento oportuno para darles la vuelta y mostrarle al mundo lo que realmente son.

Ha hecho algo muy inteligente al comprar este libro, y está aún mejor por haberlo leído. No tiene que ser como el resto del mundo, crédulo para la gente retorcida. Por una vez, puede recuperar el control de su vida. Hay que reiterar que la información que ha aprendido en las páginas de este libro es increíblemente potente, y tiene que usarla responsablemente, y preferiblemente, para bien.

Nunca asuma ni por un minuto que es demasiado brillante para ser estafado o engañado. Incluso las mentes más brillantes han sido engañadas. Ya no tiene que ser presa de eso. Si no aprende nada más de este libro, tenga en cuenta que siempre debe ser honesto y sincero en todo lo que haga porque le servirá mejor a largo plazo. A veces en este libro, se le puede ocurrir que probablemente le sirva para emular al maquiavélico. La verdad es que sí, lo hará, pero solo a corto plazo, y después de eso, le será muy difícil conseguir que las personas confíen en usted. No quiere esto. Así que, en todo lo que haga, sea honesto, abierto, humilde y recuerde: Cualquiera puede ser una víctima. No volverá a ser una víctima si considera que no está por encima de ser engañado.

Vea más libros escritos por Neil Morton